진실 따위는 중요하지 않다

진실 따위는 중요하지 않다

미치코 가쿠타니 지음
김영선 옮김 ★ 정희진 해제

2019년 10월 4일 초판 1쇄 발행
2020년 9월 25일 초판 4쇄 발행

펴낸이 한철희 ★ 펴낸곳 돌베개
등록 1979년 8월 25일 제406-2003-000018호
주소 10881 경기도 파주시 회동길 77-20 (문발동)
전화 031-955-5020 ★ 팩스 031-955-5050 ★ 홈페이지 www.dolbegae.co.kr
전자우편 book@dolbegae.co.kr ★ 블로그 imdol79.blog.me
트위터 @dolbegae79 ★ 페이스북 dolbegae

주간 김수한 ★ 편집 김혜영 ★ 표지디자인 김동신 ★ 본문디자인 김동신·이연경
마케팅 심찬식·고운성·한광재 ★ 제작·관리 윤국중·이수민·한누리 ★ 인쇄·제본 영신사

ISBN 978-89-7199-979-0 03300
책값은 뒤표지에 있습니다.

이 도서의 국립중앙도서관 출판예정도서목록(CIP)은 서지정보유통지원시스템
홈페이지(http://seoji.nl.go.kr)와 국가자료공동목록시스템(http://www.nl.go.kr/
kolisnet)에서 이용하실 수 있습니다. (CIP제어번호: CIP2019035843)

진실 따위는 중요하지 않다

거짓과 혐오는 어떻게 일상이 되었나

미치코 가쿠타니 지음

김영선 옮김 · 정희진 해제

돌베
개

프란시스코 고야, 〈진리는 죽었다〉, 1810~1814년.

어디서든 뉴스를 알리려 애쓰는 저널리스트들을 위해

차례

일러두기

1 이 책은 미치코 가쿠타니(**Michiko Kakutani**)의 *The Death of Truth: Notes on Falsehood in the Age of Trump*(2018)를 완역한 것이다.
2 외국 인명, 지명, 작품명 및 독음은 외래어 표기법을 따르되 관용적인 표기를 따른 경우도 있다.
3 국내에 소개된 작품명은 번역된 제목을 따랐고, 소개되지 않은 작품명은 우리말로 옮겼다.
4 책 제목은 겹낫표(『 』)로, 시, 논문명 등은 낫표(「 」)로, 신문과 잡지 등의 매체명은 겹꺾쇠(《 》)로, 영화명, 미술작품명, 텔레비전 프로그램명, 곡명 등은 홑꺾쇠(〈 〉)로 묶었다.

들어가며

인류 역사에서 가장 소름 끼치는 두 정권이 20세기에 집권했다. 이들 정권은 진실의 왜곡과 파괴에 기초했다. 사람들이 냉소와 피로감과 두려움으로 인해, 무조건 권력을 잡고 보려는 정치 지도자의 거짓말과 가짜 약속에 곧잘 넘어간다는 점을 이들은 알았다. 한나 아렌트는 1951년 『전체주의의 기원』에서 "전체주의 지배의 이상적인 대상은 확신에 찬 나치당원이나 공산주의자가 아니라 사실과 허구의 차이(경험의 실재성), 진짜와 가짜의 차이(사고의 기준)가 더 이상 존재하지 않는 사람들"[1]이라고 썼다.

아렌트의 말은 우리와는 다른 세기에 나온 것처럼 들리지 않는다. 오늘날 우리의 정치와 문화 풍경을 갈수록 오싹하리만치 잘 보여주는 듯이 들린다는 점에서 현대 독자들에게 경종을 울린다. 지금 세계에서는 러시아의 인터넷 트롤*

★ internet troll. 온라인에서 선동적이거나 부적절하거나 공격적인 댓글 또는 분열을 불러일으키는 콘텐츠를 게시해 의도적으로 다른 사람들에게 적개심을 일으키는 사람을 가리킨다. 우리가 흔히 말하는 '악플러', '키보드워리어'를 통칭한다.

공장에서 가짜 뉴스와 거짓말이 대량으로 쏟아져나오고, 미국 대통령의 입과 트위터 피드로부터 끊임없이 튀어나와 소셜미디어 계정을 통해 번개 같은 속도로 전 세계로 날아간다. 국가주의, 정치적 부족주의(tribalism), 탈구(dislocation) 현상, 사회 변화에 대한 두려움, 국외자에 대한 혐오가 다시 증가하고 있다. 사람들이 편파적 저장탑*과 필터버블**에 갇혀서 공통의 현실감각을, 사회와 종파의 경계를 가로질러 소통하는 능력을 잃고 있기 때문이다.

이 책은 오늘날의 상황과 2차 세계대전 시대의 압도적 공포 사이의 직접적 유사성을 밝히려는 게 아니다. 그보다는 마거릿 애트우드가 조지 오웰의 『1984년』과 『동물농장』에 나오는 말로 '위험신호기'[2]라 일컫은 상황과 태도를 살펴보려 한다. 사람들이 선동과 정치 조작에 쉽사리 영향받고 국가가 예비 독재자의 손쉬운 희생물이 되게 하는 상황과 태도 말이다. 사실에 대한 무관심, 이성을 대신한 감성, 좀먹은 언어가 어떻게 진실의 가치를 깎아내리는지, 그리고 이것이 미국과 세계에 의미하는 바가 무엇인지 검토하려 한다.

"역사가는 온전한 사실의 결이 얼마나 손상되기 쉬운지 알고 있다. 우리는 이런 사실 안에서 일상의 삶을 보낸다."[3] 아렌트는 1971년 「정치에서의 거짓말」에 이렇게 썼다. "그것은 하나의 거짓말로 구멍이 뚫리거나, 집단이나 국가나 계급

★ silo. 곡식과 사료를 보관하는 저장탑 모양처럼, 협력하고 소통하는 대신 서로 간에 높은 장벽을 쌓은 채 폐쇄적으로 각자의 이익만을 추구하는 현상을 저장탑 효과(사일로 효과)라고 한다.
★★ filter bubble. 소셜미디어가 이용자에 맞춰 여과한 정보만 제공해 이용자가 편향된 정보의 거품에 갇히는 현상을 가리킨다.

의 조직적 거짓말로 너덜너덜해지거나, 흔히 숱한 거짓말로 신중히 은폐되거나, 단순히 망각되어 부정되고 왜곡될 위험성이 항상 존재한다. 사실이 인간사의 영역에서 확실한 거처를 찾으려면 기억되는 증언과 신뢰할 수 있는 확실한 증인이 필요하다."

'진실의 쇠퇴'(truth decay)라는 말이 '가짜 뉴스'와 '대안 사실'* 같은, 이제는 익숙한 어구가 포함된 탈진실** 시대의 어휘 목록에 합류했다. 랜드연구소는 미국의 공적 생활에서 "사실과 분석의 역할이 줄어드는"[4] 현상을 가리켜 이 말을 썼다. 가짜 뉴스만이 아니다. 기후변화를 부정하는 사람들과 백신 접종을 반대하는 사람들이 만들어내는 가짜 과학, 홀로코스트 수정주의자와 백인 우월주의자들이 활성화하는 가짜 역사, 러시아의 인터넷 트롤들이 만들어내는 페이스북의 가짜 미국인, 그리고 봇(bot)이 만들어내는 소셜미디어의 가짜 팔로어와 가짜 '좋아요'도 있다.

45대 미국 대통령 도널드 트럼프는 빠른 속도로 많은 거짓말을 쏟아내고 있다. 《워싱턴포스트》의 추산에 따르면, 트럼프는 대통령으로 재직하기 시작한 첫 한 해 동안 2,140가지의 거짓 또는 허위 주장을 했다.[5] 거의 하루에 평균 5.9가지 거짓말을 한 셈이다. 트럼프는 러시아의 미국 대통령

★ alternative fact. 원래는 법률 용어로, 법정에서 양측이 주장하는 내용이 달라 서로 경합하는 사실을 말한다. 트럼프 대통령의 고문인 켈리앤 콘웨이가 대통령 취임 이틀 후인 2017년 1월 22일 '언론과의 만남' 인터뷰에서 사실이 아닌 내용을 '대안사실'로 표현한 것이 논란이 되면서 신조어처럼 쓰이게 되었다.
★★ post-truth. 사실의 진위와 상관없이 신념이나 감정이 여론 형성을 주도하는 현상을 가리킨다.

선거 개입부터 자신의 인기와 성취, 그리고 본인이 텔레비전을 얼마나 많이 보는지까지 온갖 것에 대해 거짓말을 하고 있다. 트럼프의 거짓말은 그가 민주주의 제도와 규범에 가하는 공격을 경고하는 많은 적신호 가운데 가장 선명히 깜박이는 것에 지나지 않는다. 트럼프는 일상적으로 언론, 사법제도, 정보기관, 선거제도, 그리고 미국 정부를 움직이는 공무원들을 공격한다.

진실에 대한 공격은 미국에서만 일어나는 일이 아니다. 세계 곳곳에서 포퓰리즘과 근본주의의 물결이 일면서 이성적 논의보다는 두려움과 분노에의 호소가 우위를 차지해 민주주의 제도가 약화되고 전문지식이 대중지성으로 대체되고 있다. 영국과 유럽연합의 재정관계에 관한 거짓 주장이 '탈퇴에 투표를'* 운동 버스를 장식하며 영국 국민이 브렉시트에 찬성표를 던지도록 거들었다.[6] 러시아는 민주주의를 불신하게 만들어 와해시키려고 선전에 혼신의 노력을 기울여 프랑스, 독일, 네덜란드 등 다른 나라들의 선거운동 기간에 '허위 정보'(dezinformatsiya)를 더 많이 유포했다.

프란치스코 교황은 "해가 되지 않는 허위 정보란 없다. 거짓말을 믿으면 끔찍한 결과가 초래될 수 있다"[7]고 상기시켰다. 전 미국 대통령 버락 오바마는 이렇게 말했다. "우리 민주주의가 맞닥뜨린 가장 큰 도전 가운데 하나는 우리가 심

★ Vote Leave. 브렉시트 투표 당시 탈퇴 진영의 구호이자 이 진영을 이끈 단체의 이름으로, 브렉시트 운동 버스의 옆면엔 "우리는 일주일에 3억 5,000만 파운드를 EU에 보내고 있다. 그러는 대신 이 돈을 우리의 국민의료보험 자금으로 쓰자. 브렉시트에 투표하라"라고 쓰여 있었다.

각한 정도로 공통된 사실 기준을 공유하고 있지 않다는 점이다."[8] 오늘날 사람들은 "서로 완전히 다른 정보 세계에서 움직이고 있다." 공화당 상원의원 제프 플레이크는 한 연설에서 이렇게 경고했다. "2017년은 진실, 즉 객관적이고 실증적이며 증거에 기초한 진실이 우리 정부에서 가장 강력한 인물의 손에, 이 나라 역사상 다른 어느 때보다 더 심하게 난타당하고 남용되는 걸 본 한 해였다."[9]

어떻게 이런 일이 벌어졌을까? 어째서 진실과 이성이 이런 위험에 처하게 되었을까? 눈앞에 닥친 진실과 이성의 죽음은 우리의 공적 담론과 정치 및 통치의 미래에 무엇을 예고하는 것일까? 이것이 이 책의 주제다.

오바마 출생 음모론*이라는 원죄 위에서 정치 경력을 시작한 트럼프는 여러 가지 요인이 겹친 최악의 상황 때문에 대통령직에 오른 '검은 백조'**로 충분히 여겨질 만하다. 2008년 금융 위기의 여파로 유권자들은 여전히 고전하며 불만에 차 있었고, 러시아가 미국의 대통령 선거에 개입했으며, 소셜미디어에는 트럼프를 지지하는 가짜 뉴스 기사가 쇄도했다. 트럼프의 상대 진영은 심각한 양극화를 겪었고(포퓰리스트들은 이런 극단적 분열이 워싱턴의 엘리트들을 상징한다고 매도했다), 예전의 리얼리티 TV 스타 트럼프가 발생시킨 뷰 수와 클

★ 트럼프는 버락 오바마 전 대통령의 출생 문제를 제기하면서 정치권에 들어왔다. 그는 오바마가 미국이 아니라 케냐에서 태어났고 본명이 '배리 소웨토'라고 주장했다.
★★ black swan. 검은 백조처럼 극히 예외적이어서 발생 가능성은 매우 낮지만 일단 발생하면 엄청난 충격과 파급 효과를 가져오는 사건을 가리킨다.

릭 수에 집착한 언론사들은 50억 달러어치로 추산되는 선거
운동 보도를 무료로 해주었다.[10]

소설가가 트럼프 같은 악당을, 다시 말해 하루에 다이어
트 콜라 열두 캔[11]을 마셔대는 건 말할 것도 없고 허풍이 심
하고 정도가 지나친 자아도취증, 허위, 무지, 편견, 천박함,
선동, 폭군 충동의 화신을 지어냈다면, 너무 억지로 끼워 맞
춰서 받아들이기 힘들다는 비난을 받았을 가능성이 크다. 실
제로 트럼프 대통령은 설득력 있는 인물이기보다는 어느 정
신없는 만화가가 위뷔 왕*과 욕쟁이 개그견 트라이엄프**,
그리고 몰리에르***가 버린 인물을 뒤죽박죽 섞어 만들어놓
은 것 같다.

하지만 트럼프라는 인물의 어릿광대 같은 면 때문에, 그
가 진실과 법원칙을 공격하고 우리 제도 및 디지털 방식의
소통이 가진 취약성을 노출시킬 때 생겨날 대단히 심각한 결
과를 보지 못하고 놓쳐서는 안 된다. 만약 일부 대중이 진실
에 무관심하지 않았더라면, 사람들이 정보를 얻는 방식 그리
고 점점 더 당파적인 관점에서 생각하게 되는 방식과 관련한
시스템의 문제가 없었더라면, 거짓말을 하고 기만적인 사업
행위를 한 이력이 선거운동 기간에 이미 폭로된 후보가 이렇
듯 대중의 지지를 얻었을 것 같지는 않다.[12]

★ 프랑스 극작가 알프레드 자리의 희곡 『위비 왕』의 주인공으로, 아
내의 후원으로 왕위를 빼앗아 극악무도한 일들을 자행하다가 왕자들
에게 복수를 당해 겨우 목숨만 건져 프랑스로 도망한다.
★★ 영화배우 로버트 스미겔이 부리고 목소리를 내는 개 인형으로,
동유럽 억양으로 유명인사들을 조롱하는 것으로 유명하다.
★★★ Moliere. 17세기 프랑스의 극작가·배우. 『타르튀프』, 『동 쥐
앙』, 『인간 혐오자』 등을 썼다.

트럼프에게, 개인적인 것은 정치적인 것이다. 트럼프는 많은 점에서 만화책에 나오는 예외적인 인물이라기보다 비자로월드*, 다시 말해 극단적으로 뒤집힌 세계의 전형이다. 이 세계에서는 오늘날 뉴스와 정치의 오락화부터 미국 정치가 맞닥뜨린 지독한 분열 그리고 전문성을 점점 더 경멸하는 포퓰리즘까지, 광범위한 태도들이 수없이 뒤얽혀 진실의 기반을 약화시키고 있다.

이런 태도는 결국 수년 동안 겉으로 드러나지 않게 우리의 일상생활을 마구 휘저어놓고 있는 역학관계를 상징한다. 이 역학관계는 고야가 〈진리는 죽었다〉라는 제목의 유명한 판화에서 묘사한 대로, 진리의 여신 베리타스가 치명적인 병에 걸릴 수 있는 완벽한 생태계를 만들어내고 있다.

현재 객관성은 수십 년 동안 인기가 시들하다. 심지어 사람들이 가능한 최선의 진실을 확인하고 싶어할 수 있다는 생각조차도 그렇다. 민주당 상원의원을 지낸 사회학자 대니얼 패트릭 모이니핸은 "모든 사람이 저마다의 의견을 가질 권리가 있는 것이지, 저마다의 사실을 가질 권리가 있는 것은 아니다"[13]라고 말한 것으로 유명하다. 이 말은 지금 그 어느 때보다 더 시의적절하다. 분열이 극단화되어 공화당을 지지하는 주와 민주당을 지지하는 주의 유권자는 동일한 사실에 대해 동의하기조차 힘들다. 이런 상황은 폭스 뉴스와 브라이트바트 뉴스** 주위 궤도를 도는 우파 뉴스 사이트들의

★ Bizarro World. DC코믹스 만화에 나오는 허구의 행성으로, 슈퍼맨의 거울 이미지인 슈퍼 악당 비자로의 고향이며 모든 게 정반대이다.
★★ Breitbart News. 2007년 보수파 평론가 앤드루 브라이트바트가 만든 극우 뉴스 웹사이트이다.

태양계가 공화당 지지 기반에 대한 인력(引力)을 강화한 이후 계속되고 있고, 소셜미디어가 이를 기하급수로 가속시키고 있다. 소셜미디어는 사용자를 생각이 비슷한 다른 사람들과 연결하고 개개인에 맞춘 뉴스피드를 제공해 이들의 선입관을 강화해서, 더욱 좁고 창이 없는 각자의 저장탑 안에서 살 수 있게 한다.

확실히 1960년대에 문화전쟁이 시작된 이래 상대주의가 우세해지고 있다. 당시 상대주의를 수용한 것은 서구, 부르주아, 남성 지배적 사고의 편견을 폭로하는 데 관심을 쏟은 신좌파와 포스트모더니즘의 복음을 알리려는 학자들이었다. 상대주의는 보편적 진실이란 건 없고 개개인의 작은 진실이 있을 뿐이라고, 즉 한 시대의 문화 및 사회 세력이 형성하는 인식이 있을 뿐이라고 주장했다. 그 이후 상대주의 논쟁은 창조론자와 기후변화를 부정하는 사람들을 포함하는 우파 포퓰리스트들이 장악하고 있다. 이들은 자신들의 관점을 '과학에 기반을 둔' 이론과 나란히 학교에서 가르쳐야 한다고 주장한다.

물론 상대주의는 소설가이자 언론인인 톰 울프가 말한 '자기중심주의 시대'*부터 시작해 자부심 넘치는 셀피(selfie) 시대를 거치며 부상한 나르시시즘 및 주관주의와 정확히 동시에 떠올랐다. 그래서 모든 게 우리 자신의 관점에 달려 있다는 라쇼몽 효과가 로런 그로프의 『운명과 분노』 같은 대중소설부터 〈디 어페어〉 같은 텔레비전 드라마까지 우리 문화

★ 사람들이 개인의 행복과 만족을 추구하는 데 골몰한 1970년대를 가리킨다.

에 스며든 게 놀라운 일은 아니다. 이런 소설과 드라마들은 서로 경쟁하는 현실 또는 신뢰할 수 없는 화자라는 개념에 의거한다.

나는 거의 40년 동안, 해체주의의 부상과 대학 캠퍼스에서 일어난 문학 고전을 둘러싼 싸움, 올리버 스톤의 〈JFK〉와 캐스린 비글로의 〈제로 다크 서티〉 같은 영화에서 역사를 허구화해 개작하는 것에 대한 논쟁, 자신들의 관점에서 현실을 규정해 투명성을 피하려는 부시 행정부와 클린턴 행정부의 노력, 도널드 트럼프의 언어전쟁과 비정상을 정상으로 만들려는 노력, 우리가 정보를 처리하고 공유하는 방식에 과학기술이 미치는 영향 등 수많은 쟁점에 관한 글을 읽고 또 써왔다. 이 책에서 나는 그동안 읽어온 책과 현재 일어나고 있는 사건들을 바탕으로 여기저기 산재한 진실에 대한 공격들을 연결해서, 수년간 우리 문화에 스며들고 있는 폭넓은 사회 및 정치 역학관계의 맥락 속에 위치 짓고자 한다. 또, 앞서 선견지명을 보여준 책과 글들을 조명해 현재 우리가 처한 곤경을 해결할 실마리를 던져보고 싶다.

진실은 우리 민주주의의 주춧돌이다. 전 법무장관 대행 샐리 예이츠는 우리를 독재정치로부터 떼어놓는 것 가운데 하나가 진실이라고 말했다. "우리는 정책과 사안에 대해 논쟁할 수 있고, 해야 한다. 하지만 이런 논쟁은 분열을 일으키는 수사와 거짓말로 감정과 두려움에 원초적으로 호소하기보다 공통된 사실에 기초해야 한다."

"객관적 진실만이 문제가 아니라 진실을 말하지 않는 것도 문제다. 우리가 공무원이 거짓말하는 걸 통제할 수는 없다. 하지만 공무원에게 거짓말에 대한 책임을 물을지, 또는 (피로감에서건 정치적 목표를 지키기 위해서건) 진실을 외면하고 진실에 대한 무관심을 정상화할지는 우리가 통제할 수 있다."[14]

이성의 쇠퇴와 몰락

1

이것은 사과입니다.
어떤 사람들은 이게 바나나라고 말할지 모릅니다.
그들은 '바나나, 바나나, 바나나'라고 거듭거듭 소리칠지 모릅니다.
온갖 모자에다 '바나나'라고 써넣을지도 모르죠.
그럼 여러분은 이게 바나나라고 믿기 시작할지도 모릅니다.
하지만 이건 바나나가 아닙니다. 이건 사과입니다.[1]
— 사과 사진을 보여주는 CNN 광고

1838년 젊은 에이브러햄 링컨은 라이시엄 강연에서, 독립혁명에 대한 기억이 과거로 물러나면서 시민의 자유와 종교의 자유를 지키도록 미국 건국자들이 물려준 정부기관을 무시하면 국민의 자유가 위협받는다고 걱정했다. 법규범을 보호하고 "우리 가운데 튀어나"[2]올지 모르는 예비 독재자의 출현을 막으려면 냉철한 이성, 즉 "냉정하게 따져보고 감정에 동하지 않는 이성"이 필요했다. 미국 국민이 "마지막까지 자유"롭게 남으려면 "건전한 도덕성 그리고 특히 헌법과 법에 대한 존경심"과 더불어 이성을 받아들여야 한다고 링컨은 청중에게 촉구했다.

링컨이 잘 알았던 대로, 미국 건국자들은 이성, 자유, 진보, 종교적 관용이라는 계몽주의 원칙 위에 신생 공화국을 세웠다. 건국자들이 만든 헌법의 구성은 견제와 균형이라는 합리적 체계에 기초했다. 알렉산더 해밀턴의 말을 빌리자면, 이는 어느 날 "사생활에 절조가 없"고[3] "성격이 대담한" 사람이 나타나 "인기의 목마에 올라타서" "당대 광신자들의 온갖 터무니없는 소리에 동조하며 아부해" 정부를 곤란하게 만들고 "상황을 혼란에 빠뜨려 '그 폭풍에 편승해 회오리바람을 이끌'"지도 모를 가능성을 막기 위함이었다.

이 체제는 완전함과는 거리가 멀었으나, 근본적인 변화를 수용하는 복원력과 역량 덕분에 두 세기가 넘도록 지속되고 있다. 링컨, 마틴 루서 킹 주니어, 버락 오바마 같은 지도자들은 미국을 미완의 상태, 완성되는 과정에 있는 국가로 보았다. 그래서 킹 박사의 말대로 "진보는 자동적이지도 불가피하지도 않"아서[4] 지속적인 헌신과 투쟁이 필요하다는 점을 염두에 두고 그 노력에 속도를 더하고자 했다. 미국 남북전쟁과 시민권 운동 이후의 성취는 앞으로 기울여야 할 모든 노력을 상기시키는 것이었다. 하지만 또 그것은 미국인들이 "끊임없이 스스로를 개조해 더 큰 꿈을 감당할 수 있다"[5]는 오바마 전 미국 대통령의 신념, 그리고 조지 워싱턴이 "미국 국민의 손에 맡겨진" 위대한 "실험"[6]이라고 한 것에 담긴 계몽주의 신념의 증거이기도 했다.

미국이 빛나는 "언덕 위의 성도"*가 될 수 있는 국가라는 이런 낙관적인 전망과 나란히, 미국 역사에는 또한 암울한 비이성적 대위 주제가 있다. 이것이 지금 다시 맹위를 떨쳐, 이성이 약화되고 있을뿐더러 사실과 정보에 근거한 토론

★『마태오의 복음서』 5장 14절("너희는 세상의 빛이다. 언덕 위에 세워진 성도는 숨기려 해도 숨길 수가 없다.")에 나오는 구절이다.

그리고 신중한 정책 수립과 함께 창밖으로 내팽겨진 것처럼 보일 정도다. 과학이 공격받고 외교정책, 국가안보, 경제, 교육 등 온갖 전문 지식과 기술도 마찬가지로 공격받고 있다.

필립 로스는 이런 반(反)서사를 "미국 고유의 광포함"[7]이라 했고, 역사가 리처드 호프스태터는 "과대망상적 스타일"이라 한 것으로 유명하다. "심한 과장, 의혹, 음모에 대한 공상"[8]이 부추기는 이런 세계관은 "국가, 문화, 삶의 방식"[9]에 대한 위협을 감지하는 데 집중한다. 호프스태터가 1964년에 쓴 이 글은 배리 골드워터*의 선거운동과 그 주변의 우파 운동에 자극받았다. 1963년에 쓴 책 『미국의 반지성주의』가 상원의원 조지프 매카시의 악명 높은 마녀 사냥과 1950년대의 광범위한 정치 및 사회 배경에 대한 대응으로 구상된 것처럼 말이다.

골드워터는 대통령 선거에서 패했고, 매카시즘은 미국 육군 변호인인 조지프 웰치가 매카시에게 용기 있게 맞선 이후 수그러들었다. 웰치는 매카시에게 물었다. "의원님은 예의도 모르십니까? 의원님께서는 결국 인간에 대한 예의가 남아 있지 않은 겁니까?"[10]

1950년 해리 트루먼 미국 대통령에게 "미국 국무부가 공산주의자와 그 동조자들의 둥지를 숨겨주고 있다"[11]고 경고하며 워싱턴 곳곳에서의 배신 행위에 대해 악의에 찬 비난을 퍼부은 매카시는 1954년 상원의 질책을 받았다. 그리고

★ Barry Goldwater. 공화당 내에서도 특히 극우보수파의 지도자로 알려진 애리조나주 5선 상원의원이다. 1964년 미국 대통령 선거에 공화당 후보로 나섰다가 민주당 후보 린든 존슨에게 압도적인 표 차이로 패했다.

당시의 살기등등하던 반이성주의는 1957년 소비에트의 스푸트니크 발사와 더불어 후퇴하기 시작해, 우주 개발 경쟁과 미국의 과학 계획을 증진하기 위한 일치단결된 노력 앞에 무너졌다.

호프스태터는 과대망상적 스타일이 "이상 파랑"[12]*에서 발생하는 경향이 있다고 말했다. 1855년 반가톨릭·반이민 성향의 무지당**이 최고로 번창했을 때 43명의 국회의원이 충성을 공언했다.[13] 그다음 해에 무지당 세력은 파벌 노선에 따라 분열한 후, 빠르게 소멸하기 시작했다. 하지만 무지당이 구현하던 편협성은 바이러스처럼 정치 체제에 남아 다시 출현할 날을 기다렸다.

현재 우파는 불만감과 박탈감으로 인해 집결하는 경향이 있다고 호프스태터는 주장했다. "미국이 대체로 우파에서 멀어"[14]져 우파가 자신들은 "정치 협상이나 의사 결정에 대한 접근권한이 없다"고 생각할 수 있다고 호프스태터는 썼다.

뉴 밀레니엄 시대 미국과 서유럽의 대부분 국가에서는 일부 백인 노동계층 사람들이 점점 더 소외감을 느끼게 되는 인구 구성과 사회 관습의 변화, 2008년 금융 위기로 가속된 소득 불평등의 증가, 그리고 제조업 일자리를 빼앗아 일상의

★ episodic wave(rogue wave). 파의 중첩 등으로 예상치 못하게 갑자기 발생하는 비정상적으로 높은 파도로, 현대 과학 기술 수준으로는 관측과 조기 예측이 어렵다. 돌발 중첩파라고도 한다.

★★ Know-Nothing Party. 토착미국인당(Native American Party)의 별칭. 가톨릭교를 믿는 아일랜드인 이민자가 많아지면서 각 지역의 이민 배척론자 단체들이 결합해 만든 정당으로, 가톨릭교회 공격과 폭동을 일삼아 당국의 조사를 받을 때 '아무것도 모른다'(know-nothing)고 시치미를 떼어 이런 별칭이 붙었다.

삶에 새로운 불확실성과 불안을 더하는 세계화와 기술로 인해 이런 불만이 더 높아졌다.

프랑스의 마린 르펜, 네덜란드의 헤이르트 빌더르스, 이탈리아의 마테오 살비니같이 국가주의와 반이민을 표방하는 유럽 우파 지도자들[15]과 트럼프는 이런 공포감, 분노감, 참정권 박탈감에 불을 지펴 해결책 대신 희생양을 제공했다. 반면 (이민자를 배척하는) 토착주의의 부상과 편견에 의한 정치를 염려하는 진보 및 보수주의자들은 민주주의 제도에 대한 위협이 커지고 있다고 경고했다. 윌리엄 버틀러 예이츠가 1919년 1차 세계대전의 잔해 속에서 쓴 시 「재림」은 2016년 엄청난 부활을 경험했다. 이 시는 2016년 상반기 동안, 지난 30년간 인용된 횟수보다 더 많이 뉴스 기사에 인용되었다.[16] 온갖 정치 신념을 가진 평론가들이 그 유명한 구절을 상기시켰다. "모든 것이 무너져 중심을 지탱할 수 없다/무질서만이 세상에 풀려 있다."[17]

미국에서는 트럼프가 대통령에 취임하고 1년 동안 진실과 이성에 대한 공격이 극에 달했다. 이런 동향은 우파 주변부에서 수년 동안 잠복해 있었다. 1990년대 빈스 포스터*의 죽음에 대해 제정신이 아닌 혐의를 지어내던 클린턴 비방자들, 환경운동가들이 우리 집의 온도와 우리가 구매할 수 있는 자동차의 색깔을 통제하고 싶어한다고 주장하는 티파티**의

★ Vince Foster. 빌 클린턴 백악관의 부보좌관으로, 워싱턴 정계에 들어온 지 4개월 만에 공원에서 자살한 채로 발견되었다.
★★ Tea Party. 영국 식민지 시절 무리한 세금 징수에 분노해 수입되려던 홍차를 모두 바다에 던져버린 보스턴 차 사건(Boston Tea Party)에서 따온 명칭으로, 세금을 늘려 큰 정부를 만들고자 했던 오바마 행정부의 국정 운영에 반대하는 보수 성향 유권자들을 일컫는다.

과대망상증 환자들[18]이 2016년 미국 대통령 선거운동 동안 브라이트바트 블로거 그리고 극보수주의 인터넷 트롤들과 연결되었다. 그리고 트럼프가 공화당 대통령 후보로 지명되어 대권을 잡으면서 인종과 종교에 대한 편협성, 정부 혐오, 음모론적 사고와 허위 정보의 수용 등 가장 과격한 트럼프 지지자들의 극단적인 관점이 주류가 되었다.

2017년 《워싱턴포스트》의 한 조사[19]에 따르면, 공화당 지지자 47퍼센트가 트럼프가 일반투표에서 이겼다고 착각하고, 68퍼센트가 2016년 대통령 선거 때 수백만 명의 불법 이민자가 투표했다고 믿고 있다. 게다가 공화당 지지자 절반 이상이 이런 불법 체류자 투표 문제를 해결할 수 있을 때까지 2020년 대통령 선거를 미뤄도 괜찮을 것이라고 말한다. 시카고대학의 정치학자들이 진행한 다른 연구[20]는 미국인 25퍼센트가 2008년의 붕괴가 소수 은행가 도당에 의해 은밀히 획책된 것이라고 믿고, 19퍼센트가 미국 정부가 9·11 테러 공격에 관여했다고 믿으며, 심지어 11퍼센트는 이 연구자들이 지어낸 설을 믿는다는 결과를 보여주었다. 연구자들은 소형 형광 전구가 사람들을 수동적이고 통제하기 쉽게 만들기 위한 정부의 음모라는 설을 꾸며냈다.

트럼프는 뻔뻔하게도 버락 오바마가 미국 태생이 아니므로 미국 대통령 자격이 없다는 생각을 조장하면서 정치 경력을 시작했고, 음모 이론가이자 문제 발언으로 물의를 일으키는 디스크자키인 알렉스 존스*를 칭찬했다.[21] 이런 트럼프

★ Alex Jones. 미국의 극우매체이자 대표적인 음모론 사이트 인포워스 (Inforwars)의 설립자이며 인터넷 라디오 방송 진행자이다.

가 이끌기 시작한 첫해에 미국 행정부는 반계몽주의 원칙의 화신이 되어 정책 및 그 절차에서 이성주의, 관용, 실증주의의 가치를 거부했다. 이는 이해가 아니라 본능, 기분, 그리고 세상이 돌아가는 방식에 대한 (흔히 망상적인) 선입견에 근거한 행정부 최고사령관의 변덕스럽고 충동적인 의사 결정 방식을 반영한다.

트럼프는 백악관에 들어가서도 국내와 대외 정책에 대한 자신의 무지를 시정하려는 노력을 기울이지 않았다. 트럼프의 전 수석전략고문인 스티븐 배넌[22]에 따르면, 트럼프는 "(자기 생각을) 강화하기 위해 읽"[23]을 뿐이며, 러시아의 2016년 미국 대통령 선거 개입에 관한 정보를 계속 완강하게 부정하거나 깎아내리거나 대수롭지 않게 여겼다. 이런 이야기를 거론하면 트럼프의 분노를 자아내는 경향이 있어서 정보 요약 보고에 지장을 줄 수 있기 때문에, 공무원들은 이런 자료를 트럼프가 거의 읽지 않는다고 알려진 대통령 일일 보고 문서에만 포함시킨다고 《워싱턴포스트》는 전했다.[24]

대신에 트럼프는 폭스 뉴스, 특히 아부성 강한 아침 프로그램인 〈폭스 앤 프렌즈〉, 그리고 브라이트바트 뉴스와 연예 주간지인 《내셔널 인콰이어러》에서 정보를 얻는 걸 선호하는 것 같다.[25] 전하는 바에 따르면, 트럼프는 하루 중 여덟 시간을 텔레비전 시청으로 보낸다.[26] 이런 습관은 어쩔 수 없이 정원사 촌시를 떠올리게 한다. 저지 코진스키가 1970년에 발표한 소설 『정원사 챈스의 외출』에서 텔레비전에 중독된

이 정원사는 유명인사가 되어 정치 스타로 부상한다. 바이스 뉴스*는 또 트럼프가 하루에 두 번 아부성 동영상으로 가득한 폴더를 받는다고 보도했다. 이런 동영상에는 "트럼프를 칭찬하는 트위터 메시지, 트럼프의 비위를 맞추는 텔레비전 인터뷰 기사, 칭찬 일색의 뉴스 기사, 그리고 때로는 텔레비전에 강한 모습으로 나온 트럼프의 사진"[27]이 포함되었다.

이런 황당한 세부 내용은 그저 웃기기보다는 당혹스럽다. 이것은 단순히 워싱턴 디시의 커다란 흰 집에 살고 있는 한 몽상가의 〈환상특급〉 같은 경우가 아니기 때문이다. 트럼프의 혼란스러운 성향이 주위 사람들에 의해 억제되는 게 아니라 트럼프 행정부 전체에 전염되고 있다. 트럼프는 정책 결정에서 "유일하게 중요한 사람은 나"[28]라고 주장한다. 제도화된 지식을 업신여겨 각료와 정부기관의 조언을 자주 무시하고, 아니면 그들을 완전히 배제한다.

이런 습관은 행정부의 기능장애를 부채질하고, 이는 얄궂게도 트럼프 지지자들이 애초에 트럼프에게 표를 던진 한 가지 주된 이유인 워싱턴에 대한 불신을 확인시켜주는 경향이 있다. 일종의 자기충족적 예언을 낳는 것이다. 이것은 결국 정치 과정 참여에 대한 냉소와 주저를 한층 더 불러온다. 자신의 견해와 정부 정책이 철저히 괴리되어 있다고 느끼는 유권자가 점점 더 늘어나고 있다. 미국인 10명 가운데 9명 이상이 총기 구매시 신원 조사를 의무화해야 한다는 상식적

★ Vice News. 주로 전쟁과 테러, 각종 정치적 억압과 군중 봉기 등 국제 분쟁 및 갈등을 집중 보도하는 디지털 뉴스 매체. 기존 뉴스와 달리 다큐멘터리와 뉴스를 합친 형태의 5분 이상 되는 뉴스를 내보내는 것으로 유명하다.

인 정책을 지지하지만,[29] 미국총기협회(NRA)의 기부금에 의존하는 의원들로 가득한 국회는 이를 좌절시켰다. 2018년의 한 여론조사에서 미국인 87퍼센트가 '아메리칸드림'을 꾸는 사람들이 미국에 머물도록 허용해야 한다고 말했지만,[30] 미성년 입국자 추방유예 조치(DACA)는 정치적 논쟁거리로 남아 있다. 게다가 공화당 지지자 75퍼센트를 포함한 미국인 83퍼센트가 망 중립성을 지지한다고 말했지만,[31] 트럼프의 연방통신위원회(FCC)는 이를 뒤엎었다.

합리적 담론의 역할 그리고 상식과 사실에 기초한 정책의 역할이 도널드 J. 트럼프와 더불어 위축되기 시작한 건 아니었다. 그보다 트럼프는 앨 고어와 파하드 맨주와 수전 저코비가 각각 출간한 선견지명 있는 책들에서 진단한 동향의 절정을 보여준다. 이 책들은 트럼프가 펜실베이니아가 1600번지(백악관 주소)를 차지하기 거의 10년 전에 나왔다. 저코비는 『미국의 비이성 시대』에서 이런 쇠퇴의 원인을 다음과 같이 꼽았다. "정보오락 프로그램 중독",[32] 종교 근본주의의 지속적인 영향, "지성주의를 전통적인 미국인의 가치관과 불화하는 진보주의와 동일시하는 대중의 시각",[33] "기본 능력뿐 아니라 그 능력의 기초를 이루는 논리를 제대로 가르치지 못"[34]하는 교육 제도 등이 쇠퇴를 불러왔다는 것이다.

　고어는 『공격받는 이성』에서 낮은 투표율, 정보가 부족한 유권자, 돈에 좌우되는 선거운동, 언론 조작 등 미국의 참여 민주주의가 병들었으며, "잘 알려진 방대한 증거가 그 반대를 말해주는데도 지속적이고도 한결같이 거짓말을 정책의 기초로 삼고 있다"[35]고 강조했다.

고어가 가장 주목한 건 부시 행정부가 이라크 침공이라는 재앙과도 같은 결정을 내린 사실과 이 전쟁이 대중에게 냉소를 산 점이었다. 이는 "이라크에 대한 새로운 공포를 만들어내 미국의 정치 현실"[36]을 왜곡했다. 이 공포는 이라크가 제기한 "실제 위험과는 대단히 균형이 맞지 않는 것"이었다. 이라크는 2001년 9월 11일 미국을 공격하지도 않았고, 부시 행정부의 강경파들이 미국 국민에게 겁을 주어 이라크가 끔찍한 대량 살상 무기를 보유하고 있다고 생각하게 만들었으나 그런 무기는 없었다.

실로, 이라크 전쟁은 재앙 속에서 하나의 교훈을 남긴다. 전 세계에 영향을 미치는 중대한 결정이 합리적 정책 결정 과정 그리고 정보에 대한 신중한 판단과 전문가 분석을 통해 이뤄지지 않고, 이념적 확신 그리고 사전에 가진 고정관념을 뒷받침하기 위한 정보의 선별에 의해 부채질되면, 이런 재앙이 발생할 수 있다는 교훈 말이다.[37]

딕 체니 부통령과 도널드 럼즈펠드 국방부 장관이 이끈 부시 행정부의 강경파들은 처음부터 전쟁 찬성을 주장하는 데 도움이 될 '전향적인' 정보를 요구했다. 특수작전국이라는 잘 알려지지 않은 작전 본부가 국방부에 설치되기까지 했다. 프리랜서 기자 시모어 허시가 《뉴요커》에 인용한 펜타

곤의 한 보좌관의 말에 따르면, 특수작전국의 임무는 럼즈펠드와 폴 울포위츠 국방부 부장관이 이미 사실로 믿고 있었던 것, 즉 사담 후세인이 알카에다와 관련이 있고 이라크가 엄청난 생화학 무기와 아마도 핵무기를 보유하고 있음을 보여주는 증거를 찾는 것이었다.

한편 지상전 계획은 육군참모총장 에릭 신세키 같은 전문가의 냉철한 경고를 무시했다. 에릭 신세키는 전쟁 이후 이라크에는 "수십만에 이르는 병력"[38]이 투입되어야 할 것이라고 말했다. 신세키의 권고는 빠르게 맹비난을 받았고, 랜드연구소와 미국육군대학원이 낸 보고서도 마찬가지였다. 이 두 기관 역시 전쟁 이후 이라크에서 안전을 확보하고 재건하는 데 장기적으로 많은 병력이 필요할 것이라고 경고했다. 이런 평가는 이라크 사람들이 미국 군대를 해방자로서 환영해 지상에서 저항이 심하지 않으리라고 의도적으로 낙관한 부시 행정부의 전망과 맞지 않았기 때문에 무시되었다(그리고 결국 치명적인 결과를 불러왔다). 한 럼즈펠드 지지자의 말대로 하자면, 그건 "식은 죽 먹기"[39]였다.

하지만 미국은 충분한 병력을 보내 이라크의 안전을 확보하고 법질서를 유지하는 데 실패했고, 국무부의 '이라크의 미래 계획'은 펜타곤과의 갈등으로 열외로 취급되었으며, 이라크군을 해산하고 모든 바트당* 고위 당원들의 활동을 금지하는 결정이 즉석에서 이뤄졌다. 피할 수 있었던 이런 참담한 실책들이 어설픈 이라크 점령이라는 결과를 낳았다. 연

★ Baath Party. 아랍사회주의 내지 아랍민족주의를 정치 구호로 내세우는 이라크의 집권 정당이다.

립임시정부 소속의 한 군인이 미국의 이라크 점령에 대해 "깃털을 갖다붙여 오리를 만들길 바란다"[40]고 한 말은 기억할 만하다. 결국 이라크 전쟁은 새로운 세기에 일어난 가장 큰 재앙 가운데 하나가 될 것으로 보인다. 이 전쟁은 아랍 지역의 지정학적 요인을 폭발적으로 증가시켜, ISIS*와 더불어 이라크, 아랍 지역, 세계 사람들에게 여전히 계속되는 참사를 낳았다.

트럼프는 2016년 대통령 선거운동 기간 동안 이라크 침공 결정을 자주 비판했지만,[41] 그의 백악관은 부시 행정부가 이 불필요하고 비극적인 전쟁을 다룬 방식에서 아무것도 배우지 못했다. 그러기는커녕, 역행하는 정책 결정 과정과 전문가 배척이 더욱 완강해졌다.

　　예를 들어, 스티브 배넌이 "행정국가의 해체"[42]를 위해 싸우겠다고 맹세하고 백악관이 전문가들을 '그림자정부'로 의심한 결과, 미국 국무부는 공동화(空洞化)되었다. 위축된 국무부가 점점 더 열외 취급되는 동안, 트럼프 대통령의 사위로 정부에서 일한 경험이 전혀 없는 36세의 부동산 개발업자 재러드 쿠슈너가 중동 관련 서류들을 넘겨받았다. 트럼프 임기 첫해 말에 중요한 자리가 여럿 비어 있었다. 이는 부분적으로는 기구 축소와 직무 유기 탓이고, 부분적으로는 트럼프 대통령의 정책에 대해 의구심을 드러낸 외교관들의 임명을 꺼린 탓이었다(주한 대사의 경우 이것이 결정적인 역할

★ The Islamic State of Iraq and Syria. 이라크 시리아 이슬람 국가. 이라크 북부와 시리아 동부를 점령하고 국가를 자처한 극단적 수니파 이슬람 원리주의 무장단체이다.

을 했다[43]). 또 부분적으로는 새 관리자가 더 이상 외교 능력, 정책에 관한 이해, 또는 전 세계 광범위한 지역에서의 경험을 존중하지 않기에 정부기관으로부터 재능 있는 외무 공무원들이 빠져나간 탓이었다. 트럼프가 오래된 동맹관계와 무역협정을 뒤엎고 민주주의 이념을 끊임없이 약화시키는데다 트럼프 행정부가 대외정책을 부주의하게 다루면서, 갤럽 여론조사에 따르면, 2017년 미국의 지도력에 대한 세계의 신뢰도가 최저 수준인 30퍼센트까지 곤두박질쳤다.[44] 이는 중국보다 낮고 러시아보다 약간 높은 수준이다.

전문성과 경험에 대한 트럼프 백악관의 무시는 어떤 점에서 미국 사회에 스며든 좀더 광범위한 태도를 반영하는 것이었다. 실리콘밸리 기업가인 앤드루 킨은 2007년 출간한 『아마추어 숭배』에서 인터넷이 사람들의 상상 이상으로 정보를 대중화할뿐더러 진짜 지식을 "대중지성"[45]으로 대체해, 사실과 의견 사이 그리고 정보에 근거한 논쟁과 몰아치기식 억측 사이의 경계를 위험하리만치 흐려놓고 있다고 경고했다.

10년 후, 『전문가와 강적들』에서 톰 니콜스는 확립된 지식에 대한 고의적인 적대감이 좌파와 우파 모두에서 나타나고 있으며, 이런 사람들이 "어떤 문제에 관한 의견은 모두 나머지 다른 의견만큼 좋은 것"[46]이라고 공격적으로 주장하고 있다고 썼다. 이제 무지가 유행이었다.

니콜스는 이렇게 썼다. "시민들이 자신의 삶에 영향을

미치는 문제를 이해하는 기본 문해력을 습득하는 데 신경 쓰지 않으면, 좋든 싫든 이런 문제에 대한 통제권을 포기하는 것이다. 그리고 유권자가 이런 중요한 결정에 대한 통제권을 상실하면, 무지한 선동 정치가가 민주주의를 장악하거나 또는 좀더 조용히 그리고 서서히 민주주의 제도가 권위주의적 기술지배체제(technocracy)로 쇠퇴하는 위험에 처한다."[47]

트럼프 백악관이 지식과 이해보다 충성심과 획일적 이념을 선호한다는 점이 행정부 곳곳에서 드러나고 있다. 자격 없는 판사와 정부기관장이 임명된 건 정실 인사, 정치적 관계 때문이거나 또는 화석연료 산업과 부자 기업 기부자들에게 혜택을 주는 트럼프의 대규모 규제 철폐 계획을 방해하는 정부기관을 약화시키려는 의지 때문이었다.[48] 에너지부를 폐지하고 싶어한 것으로 유명한 릭 페리가 에너지부 장관으로 지명되어 재생가능 에너지 계획 축소를 주도했다.[49] 게다가 새로 환경보호청(EPA) 국장이 된 스콧 프루잇은 수년간 환경보호청에 여러 차례 소송을 제기했던 인물로, 환경보호청을 신속히 해체하기 시작해 환경 보호를 위한 법률 제정을 늦추고 있다.[50]

이들은 원로당*의 조세법안에 반대하고 의료보험이 없어질 것을 염려하는 일반 대중에 대해서는, 이들의 생각이 트럼프 행정부나 공화당 의회의 목적에 맞지 않으면 고압적인 자세로 무시했다. 더욱이 기후변화, 재정정책, 또는 국가

★ Grand Old Party. 미국 공화당의 다른 이름이다.

안보 같은 특정 분야 전문가가 불편한 문제를 제기하면 열외 취급하거나 더 나쁘게 취급했다. 예를 들어, 수십 년 전 독립적이고 초당적인 기관으로 만들어져 입법에 따르는 비용을 평가해 제공하는 의회예산국(CBO)에 일어난 일을 보라.[51] 의회예산국은 공화당이 제안한 의료보험 법안으로 인해 보험 적용이 되지 않는 사람들이 수백만 명 더 늘어날 것이라고 보고했다. 그러자 공화당 의원들은 의회예산국의 보고만이 아니라 이 기관의 존재 자체를 공격하기 시작했다. 트럼프의 예산관리국(OMB) 국장인 믹 멀베이니가 의회예산국의 시대는 "지나가"지 않았냐고 물었고, 다른 공화당 의원들은 의회예산국 예산을 대폭 줄이고 235명의 직원을 89명까지 줄일 것을 제안했다.

실제로 트럼프 행정부는 정상적인 정책 결정 시스템과 분석 및 검토 과정을 일상적으로 교묘히 회피해 자동적 예측 가능성을 갖는 이런 규범을 위반했다. 많은 조치가 역행하는 의사 결정의 비합리적인 결과였다. 다시 말해 백악관 또는 공화당 의회가 원하는 결과를 먼저 정해두고서 그 결정의 근거 또는 장점을 찾아내려 했다. 이는 자료를 체계적으로 수집하고 평가해 가설을 만들어 시험하는 과학적 방식과는 정반대였다. 트럼프 행정부는 과학적 방식을 명백히 무시했고, 질병통제예방센터(CDC)의 분석가들에게 "과학 기반", "증거 기반"[52]이라는 말의 사용을 피하라는 명령을 내렸다. 이는 조지 오웰의 『1984』에 나오는 디스토피아에 '과학'이라는 말이 없다는 점을 떠올리게 한다. "과거의 모든 과학적 성취가 기반하고 있는 실증적 사고방식"[53]은 객관적 사실을 나타내고, 이는 무엇이 진실인지 결정짓는 빅브라더의 권력을 위협하기 때문이다.

트럼프 행정부는 파리기후협약을 탈퇴하겠다고 발표한데다(시리아가 파리기후협약에 서명한 후, 미국은 이 세계적 합의를 거부하는 유일한 국가로 남았다),[54] 오바마 대통령의 청정전력계획*을 종료해 해저 석유 및 가스 시추 금지법을 파기한다고 밝혔다.[55] 과학자들은 정부 자문 위원회에서 밀려났고 생체의학, 환경과학, 공학, 데이터 분석 같은 분야의 연구계획 다수에 대해 자금 지원을 줄이는 계획이 마련되었다.[56] 백악관은 환경보호청만 해도 매년 예산의 23퍼센트 이상에 해당하는 25억 달러를 삭감하겠다고 밝혔다.[57]

2017년 4월, 트럼프 행정부의 반과학 정책에 항의하기 위해 '과학을 위한 행진'(March for Science)이 워싱턴에서 조직되었다.[58] 이 행진은 확대되어 35개 이상 국가에서 400회 이상 이뤄졌다. 이들은 미국의 동료들에 연대해서, 또 자국의 과학과 이성이 처한 상황을 우려해서 행진에 참가했다. 미국 정부가 기후변화와 다른 세계 문제에 대해 내린 결정은 결국 전세계에 도미노 효과를 가져와, 지구에 발생하는 위기의 국제적 해결책을 찾으려는 노력뿐 아니라 공동사업과 공동연구에 영향을 미친다.

★ Clean Power Plan. 온실가스 배출량 감축안을 가리킨다.

영국의 과학자들은 브렉시트가 영국 내 대학 및 연구기관, 그리고 유럽에서 공부하는 영국 학생들의 역량에 어떤 영향을 미칠지 염려한다.[59] 오스트레일리아에서 독일과 멕시코까지 전 세계 과학자들은 과학, 증거, 동료 상호 간 검토를 평가절하하는 태도가 확산되는 현상을 염려한다. 그리고 라틴아메리카와 아프리카의 의사들은 지카 바이러스와 에볼라 바이러스 관련 가짜 뉴스가 허위 정보와 공포심을 퍼뜨리고 있다고 염려한다.

인구 500명인 그린란드의 소도시 캉에를루수아크에서 연구 중인 빙하학 전공 대학원생 마이크 맥페린은 그곳 주민들에게는 기후변화를 걱정해야 할 실제적인 이유가 있다고 《사이언스》에서 말했다. 대륙빙하로부터 흘러내린 물이 그 지역의 한 교량을 일부 쓸어가버렸기 때문이다. 그는 이렇게 말했다. "나는 과학에 대한 공격을 전조등을 끄는 짓에 비유합니다. 우리는 자동차를 타고 빠르게 달리고 있고, 사람들은 무슨 일이 닥칠지 알고 싶어하지 않아요. 우리 과학자들은 전조등인 셈이죠."[60]

오스트리아 작가 슈테판 츠바이크는 1942년에 쓴 회고록 『어제의 세계』에서 과학, 인본주의, 진보, 자유에 대한 신념, 즉 "이성(raison) 원칙"이 얼마나 빠르게 "그 정반대인 공포심과 대중 정서"[61]에 의해 무너질 수 있는지를 가장 끔찍하게 보여준다. 츠바이크는 살아생전 세계를 뒤흔든 참화를 두 차

례나 목격했다. 1차 세계대전에 이어 잠시 휴지기가 있은 다음 아돌프 히틀러가 부상해 대격변이 일면서 세계는 2차 세계대전으로 내리닫았다. 츠바이크의 회고록은 유럽이 어떻게 수십 년 내에 두 차례에 걸쳐 자멸을 초래할 정도로 갈가리 찢어졌는지 여실히 보여준다. 츠바이크는 끔찍한 "이성의 패배"와 "야만의 대승리"에 대해 이야기하고 미래 세대를 위한 교훈을 전하길 바랐다.

당시 질병이 정복되고 "인간의 말이 전 세계로 순식간에 전송"[62]되는 등 기적 같은 과학이 발전하면서 진보는 불가피해 보였다. 심지어 빈곤 같은 대단히 심각한 문제도 "더 이상 극복할 수 없는 것으로 보이지 않"게 되었다. 츠바이크는 이런 시공간에서 자신이 성장한 이야기를 썼다. 츠바이크는 낙관주의가 그의 아버지 세대에 영향을 미쳤다고 기억했다. 이런 낙관주의는 1989년 베를린 장벽이 무너진 후 서구세계를 휘감았던 희망을 독자들에게 상기시킬지 모른다. "그들은 정말로 믿었다. 국가와 종파 간의 차이와 경계가 차츰 공통된 인간성 속으로 녹아들어 가장 소중한 것들, 즉 평화와 안전을 모든 인류가 공유할 것이라고."

젊었을 적, 츠바이크와 친구들은 카페에서 어울려 시간을 보내며 예술과 개인 관심사에 대해 이야기를 나누었다. "우리는 최신의 것, 가장 새로운 것, 가장 엉뚱한 것, 가장 특별한 것을 최초로 발견하겠다는 열정을 품고 있었다."[63] 그 시절 상류층과 중산층에게는 안정감이 있었다. "주택은 화재와 절도에 대비해서, 들판은 우박과 폭풍에 대비해서, 사람은 사고와 질병에 대비해서 보험에 들어 있었다."

사람들은 히틀러가 제기하는 위험을 좀체 알아차리지 못했다. "히틀러의 책을 읽는 수고를 아끼지 않은 소수의 작가들은 그의 계획에 사로잡히기보다 부풀려 과장한 그의 글을 비웃었다."[64] 츠바이크는 이렇게 쓰고 있다. 신문은 나치 운동이 "곧 실패"할 것이라고 독자들을 안심시켰다. 게다가 많은 사람들이 "반유대주의 선동가"가 실제 수상이 된다면 "당연히 그런 상스러움을 떨쳐버릴 것"이라고 생각했다.

불길한 징후가 쌓여갔다. 독일 국경 근처에서 험악한 청년 무리가 "자신들의 신조를 설파하며 즉각 동참하지 않으면 누구라도 나중에 그 대가를 지불해야 할 것이라고 위협했다."[65] 게다가 "그 조정의 시기에 간신히 봉합되고 있던 계급과 인종 사이의 숨은 균열과 틈새"가 다시 갈라져 "심연과 깊은 골"로 벌어졌다.

하지만 나치는 신중하게도 곧바로 자신들의 목적을 한껏 드러내지 않았다. "그들은 자신들의 방법을 조심스럽게 실행했다. 처음에는 소량만 쓰고는, 잠시 멈췄다. 한 번에 한 알씩만 쓴 다음 잠시 그 효과를 관찰하며 기다렸다."[66] 대중과 "세계의 양심이 그 투여량을 소화"할 것인지 지켜보았다.

또, 사람들은 익숙한 삶, 일상, 습관을 포기하길 꺼려했기 때문에 자신들이 얼마나 급속히 자유를 빼앗기고 있는지 믿고 싶어하지 않았다고 츠바이크는 쓰고 있다. 사람들은

"법이 단단히 뿌리를 내리고 있고, 의회의 다수가 그에게 반대하며, 모든 시민이 엄숙히 천명된 헌법에 의해 자유권과 평등권이 보장된다고 믿는 국가"[67]에서 독일의 새 지도자가 "무력으로" 무슨 일을 할 수 있겠냐고 물었다. 사람들은 "20세기에는" 이런 광기의 분출이 "지속될 수 없을 것"이라고 되뇌었다.

새로운 문화전쟁

2

객관성의 죽음은 "올바름의 의무를 덜어준다."
그것은 "흥미로움만을 요구한다."[1]
— 스탠리 피시

2005년 데이비드 포스터 월리스는 선견지명을 보여준 한 글에서 인쇄, 텔레비전, 온라인 등 새로운 매체의 확산이 "만화경 같은 정보 선택의 자유"[2]를 낳았다고 썼다. 월리스는 우파 성향의 폭스 뉴스와 〈러시 림보 쇼〉* 등을 포함해 이념적 뉴스 매체의 확산을 불러온 이 낯선 대중매체 풍경의 한 가지 아이러니를 관찰했다. "바로 문화보수주의자들이 비난하는 상대주의, 다시 말해 '진실'이 온전히 관점과 의제의 문제가 되어버리는 인식의 난투전"을 불러일으켰다는 것이다.

　월리스의 글은 2016년 미국 대통령 선거가 치러지기 10년도 더 전에 쓰였다. 그런데 섬뜩하리만치 트럼프 이후의 문화 풍경을 예언하고 있다. 이 풍경 속에서 진실은 갈수록 보는 사람의 관점에 달려 있는 것처럼 보이고, 사실은 대체 가능할뿐더러 사회적으로 구성될 수 있는 것처럼 보인다. 또

★ Rush Rimbaugh Show. 보수주의 방송인이자 정치평론가인 러시 림보가 진행하는 라디오 토론 프로그램으로, 보수적인 입장을 대변하며 30여 년간 청취율 1위를 지키고 있다.

우리는 수십 년 동안 적절하게 여겨지던 전제와 동맹관계가 갑자기 뒤집히는 거꾸로 된 세상에 와 있는 듯한 느낌을 자주 받는다.

한때 냉전 전사들의 요새였던 공화당과, 법질서를 공약으로 내걸고 출마한 트럼프는 러시아의 미국 선거 개입 위험을 무시한다.[3] 더욱이 원로당 의원들은 FBI와 사법부 내 비밀 음모단에 대해 이야기한다. 1960년대의 일부 반문화 일원들처럼, 이 새로운 다수의 공화당원들은 합리성과 과학을 거부한다. 1차 문화전쟁 동안, 많은 신좌파들이 계몽주의 이념은 오랜 가부장제와 제국주의 사상의 잔재라며 거부했다. 오늘날 우파는 이 이성과 진보의 이념이 전통 가치를 약화시키려는 진보주의의 음모이거나 지식인, 즉 동부 지역 엘리트주의의 수상쩍은 조짐이라고 의심한다. 마찬가지로 정부에 대한 과대망상은 베트남전과 관련해 군산복합체를 비난했던 좌파로부터 우파로 점점 옮아갔다. 이제는 극보수주의 트롤과 공화당 의원들이 이른바 그림자정부가 대통령에 대한 음모를 꾀하고 있다고 비난한다.

트럼프의 선거운동본부는 자신들을 소외된 유권자를 위해 싸우는 혁명 반란군으로 묘사하며, 묘하게 1960년대 급진주의자들을 흉내 낸 언어를 표리부동하게 사용했다. "우리는 부유한 기부자, 대기업, 언론 경영진 사이의 결탁을 붕괴시키려 합니다."[4] 트럼프는 한 집회에서 이렇게 선언했다. 또 다른 집회에서는 "실패하고 부패한 정치 기득권층"[5]을 갈

아치울 것을 요청했다.

더욱 얄궂은 건, 우파 포퓰리즘이 포스트모더니즘 논의를 전용(轉用)해 객관성에 대한 철학적 부인을 수용하고 있다는 점이다. 사실 포스트모더니즘은 수십 년 동안 좌파, 그리고 트럼프 무리가 경멸해 마지않는 엘리트 학계와 연계된 학파였다. 흔히 난해해 보이는 이런 학계의 논의에 우리가 왜 관심을 가져야 할까? 트럼프가 데리다, 보드리야르, 또는 리오타르의 저작을 (들었을지는 몰라도) 애써 읽지는 않았다고 말해도 무방하고, 포스트모더니스트들은 이 땅에 널리 떠도는 온갖 허무주의에 대해 거의 책임이 없다. 하지만 이들의 사상을 단순화해 도출한 일부 결론이 대중문화에 스며들었고, 트럼프 대통령 옹호자들과 우파가 이를 이용하고 있다. 트럼프 대통령 옹호자들은 포스트모더니즘의 상대주의 논의를 이용해 트럼프의 거짓말을 변명하고 싶어하고, 우파는 진화론에 의문을 제기하거나 기후변화의 현실을 부인하거나 대안사실을 홍보하고 싶어한다. 악명 높은 극우파 트롤이자 음모론자인 마이크 체르노비치도 2016년 《뉴요커》와의 인터뷰에서 포스트모더니즘을 들먹였다. "대학에서 포스트모더니즘 이론에 대해 읽었습니다. 모든 게 서사, 즉 이야기라면 지배서사에 대한 대안서사가 필요하죠." 그러면서 체르노비치는 이렇게 덧붙였다. "내가 라캉을 읽을 사람 같아 보이지 않죠, 안 그래요?"[6]

1960년대 이래 눈덩이가 불어나듯 제도와 공식서사에 대한 불신이 커졌다. 이런 회의론은 일부 불가피한 수정이다. 베트남 전쟁과 이라크 전쟁의 참사, 워터게이트와 2008년 금융 위기, 그리고 오랫동안 초등학교 역사 교육부터 부당한 사법제도까지 온갖 것에 침투한 문화적 편견에 대한 합리적 반응이다. 하지만 인터넷으로 가능해진 정보의 민주화가 숨 막힐 정도의 혁신과 기업가 정신만을 자극한 건 아니었다. 현재 가짜 뉴스의 급속한 확산이 입증하듯, 정보의 민주화는 또한 허위 정보와 상대주의의 폭주로 이어졌다.

학계에서 공식서사의 붕괴에 중요한 역할을 한 건 폭넓게 포스트모더니즘에 포괄되는 개념들이었다. 이들 개념은 미셸 푸코와 자크 데리다 같은 프랑스 이론가들을 통해 20세기 후반 미국 대학에 도착했다(프랑스 이론가들의 사상은 차례로 독일 철학자 하이데거와 니체에 빚졌다). 스토리텔링 전통을 깨고 장르 간 그리고 대중문화와 고급예술 간 경계를 무너뜨리는 포스트모더니즘의 개념은 문학, 영화, 건축, 음악, 회화를 해방시키고, 경우에 따라서는 탈바꿈시켰다. 그 결과 토머스 핀천, 데이비드 보위, 코엔 형제, 쿠엔틴 타란티노, 데이비드 린치, 폴 토머스 앤더슨, 프랑크 게리 같은 광범위한 분야의 예술가들이 획기적인 작품을 내놓았다. 하지만 포스트모더니즘 이론이 사회과학과 역사에 적용되자, 의도했든 아니든 온갖 종류의 철학적 함의가 생겨나 마침내 그것이 우리 문화에 홀연 스며들었다.

포스트모더니즘의 갈래와 해석은 다양하고 많지만, 폭넓게 말해 포스트모더니즘 논의는 인간의 인식으로부터 독립된 객관적 실재를 부정한다. 지식은 계급, 인종, 성 등 다양한 변수의 프리즘을 통해 여과된다고 주장한다. 포스트모더니즘은 객관적 실재의 가능성을 부인하고 진리 개념을 관점 개념으로 대체하면서 주관성의 원칙을 신성시했다. 언어는 신뢰할 수 없고 불안정하다고 여겨진다(기표와 기의 사이에는 메울 수 없는 간극이 존재한다). 사람들이 온전히 합리적이고 자율적인 개인으로서 행동한다는 생각도 무시된다. 우리 각자는 의식적 또는 무의식적으로 특정한 시대와 문화에 의해 구성되기 때문이다.

동의에 대한 생각은 버려라. 역사를 직선적 서사로 보는 관점은 떨쳐버려라. 크고 보편적이거나 초월적인 거대서사(meta-narrative)는 잊어버려라. 예를 들어, 많은 좌파 포스트모더니스트들은 계몽주의를 식민주의나 자본주의의 이성과 진보 개념을 홍보하기 위한 패권주의 또는 유럽 중심의 역사 해석으로 물리친다. 그리스도교의 구원 서사도 공산주의 유토피아로 가는 마르크스주의의 길과 마찬가지로 거부된다. 일부 포스트모더니스트에게는 과학자의 논의조차 "수용되기 위해 다른 모든 것과 경쟁하는 준서사(quasi narrative)에 지나지 않는 것으로 보"[7]일 수 있다고 크리스토퍼 버틀러는 말한다. "세상에 유일무이하게 또는 확실하게 들어맞는 서사란 없고, 이들 서사는 실재와 어떤 관련성을 갖지 않는다. 그것은 또 다른 형태의 허구일 뿐이다."

포스트모더니즘의 개념이 학계에서 정치 주류로 이동한 것은 인종, 종교, 성, 학교 교육과정에 대한 논쟁이 떠들썩하게 일었던 1980년대와 90년대의 문화전쟁이 어떻게 예상치 못한 방식으로 변형되었는지를 상기시킨다. 9·11 테러 공격과 2008년 금융 위기가 저 논쟁들을 무의미하게 만들었다고 여겨졌고, 버락 오바마 대통령의 두 번째 임기 동안 가장 맹렬한 형태의 문화전쟁이 서서히 줄어들 것이라는 희망이 있었다. 의료보험법, 파리기후협약, 2008년 붕괴 이후의 경제 안정화, 동성결혼, 부당한 형사사법제도를 해결하려는 노력 등 꼭 필요한 개혁이 여전히 다수 이뤄져야 했으나, 많은 미국인들은 미국이 적어도 진보의 길로 나아가고 있다고 믿었다.

역사가 앤드루 하트먼은 2015년 출간한 『미국 정신을 위한 싸움』에서 "1950년대의 규범인 아메리카니즘에 동질감을 갖"고서 "60년대에 시동이 걸린 문화변동에 저항"[8]한 전통주의자들이 1980년대와 90년대의 문화전쟁에서 패배한 것으로 보인다고 썼다. 21세기 무렵에 하트먼은 "대다수 미국인들이 당시에는 낯설게 보였던 미국을 이제 인정하고 심지어 수용하고 있으며, 그런 미국인들이 점점 늘고 있다"고 썼다. "이런 관점에서 볼 때, 20세기 말 문화전쟁은 조정기로 이해해야 한다. 미국은 문화변동에 적응하기 위해 고군분투했다. 문화전쟁은 심지어 보수적인 미국인조차 미국인의 삶이 변하고 있음을 인정하지 않을 수 없게 했다. 그리고 인정이 거부의 형태로 나타나기는 했으나, 비록 완전한 수용은 아니더라도 그 역시 체념으로 가는 첫걸음이었다."

나중에 밝혀진 대로, 이런 낙관적인 평가는 극히 시기상조였다. 소비에트 공산주의의 내파로 자유민주주의가 승리를 거둬 "최종 형태의 인간 통치체제"[9]가 되리라고 주장한 프랜시스 후쿠야마의 1989년 논문 「역사의 종언?」이 그랬던 것처럼 말이다. 미국 민간 인권 감시 단체인 프리덤 하우스의 보고서는 "민주주의 국가들에서 포퓰리즘과 국가주의가 상당한 세력을 얻으면서, 2016년은 전 세계의 자유가 연속해서 11년째 위축된 해가 되었다"[10]고 결론지었다. 그리고 2017년 후쿠야마는 트럼프 대통령이 집권하면서 "제도"와 민주주의 규범이 "서서히 손상"[11]되고 있다고 걱정했다. 후쿠야마는 자신이 25년 전에는 "민주주의가 어떻게 퇴보할 수 있는지에 대한 의식이나 이론을 가지고 있지 않았"으나 이제 "분명히 민주주의가 퇴보할 수 있"음을 깨달았다고 말했다.

문화전쟁은 빠르게 되살아났다. 공화당 지지 기반 가운데 티파티, 버락 오바마 대통령이 미국 태생이 아니므로 대통령 자격이 없다고 생각하는 사람들, 우파 복음주의자, 백인 국가주의자 같은 강경파들이 오바마 대통령과 그 정책에 반대해 집결했다. 게다가 트럼프는 대통령 후보일 때나 대통령이 되고 나서도 이런 사회와 정치 균열에 기름을 들이부었다.[12] 그것은 자신의 지지 기반 세력을 선동하고 정책 실패와 많은 추문으로부터 사람들의 주의를 돌리기 위한 한 가지 방편이었다. 트럼프는 미국 사회의 당파 분열을 이용해, 변화하는 세상에 대해 걱정하는 백인 노동자계층 유권자들의 두려움에 호소하면서 이민자, 아프리카계 미국인, 여성, 이슬람교도 등을 이들의 분노 대상으로 골라 희생양으로 제공했다. 동시에, 트럼프를 당선시키려 노력하는 한편 미국 민주주의 체제에 대한 신뢰를 약화시키려는 러시아의 트롤들이 미국인들의 분열을 한층 더 증폭시키기 위해 가짜 소셜미디어 계정을 이용하는 건 우연이 아니다. 예를 들어, 러시아의 인터넷 트롤들은 2016년 5월 "텍사스의 이슬람화를 멈춰라"라는 시위를 조직하기 위해 '텍사스의 마음'이라 사칭한 페이스북 계정을, 그리고 같은 시간 같은 장소에서 반대시위를 조직하기 위해 '아메리카 이슬람교도 연합'이라 사칭한 또다른 페이스북 계정을 이용한 것으로 드러났다.[13]

트럼프가 벌이는 공포와 분열의 정치를 가장 설득력 있게 비판한 사람들 중에는 스티브 슈미트, 니콜 윌리스, 조 스카버러, 제니퍼 루빈, 맥스 부어, 데이비드 프럼, 빌 크리스톨, 마이클 거슨 그리고 공화당 상원의원인 존 매케인과 제프 플레이크 같은 보수주의자들도 있다. 하지만 공화당 지지자들은 대부분 트럼프를 지지하며 결집해 그의 거짓말, 전문성의 무시, 미국의 근간을 이루는 많은 이념에 대한 경멸을 합리화했다. 이런 트럼프의 조력자들에게는 당파가 도덕성,

국가 안보, 재정 책임, 상식, 예의 등 모든 것을 능가했다. 트럼프가 포르노 스타 스토미 대니얼스와 불륜관계였다는 주장에 대한 기사가 나오자, 복음주의자들은 트럼프를 두둔하고 나섰다. 제리 폴웰 주니어*는 "이 모든 게 수년 전 일이었다"[14]고 말했고, 가족연구위원회** 회장 토니 퍼킨스는 본인과 본인의 지지자들이 트럼프의 개인적인 행동을 기꺼이 용납할 것이라고 말했다.[15]

1980년대와 90년대 문화전쟁의 첫 파동이 이는 동안 보수주의자들이 보인 입장을 생각하면, 이런 상황 전개는 얄궂다. 당시 스스로를 전통, 전문성, 법원칙의 수호자로 홍보하며, 자신들이 이성의 쇠퇴와 서구적 가치의 부인으로 여긴 것에 반대한 건 보수주의자들이었다. 정치철학 교수인 앨런 블룸은 1987년 출간한 『미국 정신의 종말』에서 상대주의를 질책하고 1960년대 대학 내에서 일어난 시위를 비난했다. 그는 그 시위들에서는 "과학보다 헌신을, 이성보다 열정을 더 심오한 것으로 알았다"[16]고 말했다. 게다가 역사학자 거트루드 힘멜파브는 역사를 기록하고 가르치는 일이 포스트모더니스트라는 새로운 세대에 의해 정치화되었다고 경고했다. 포스트모더니스트들이 성과 인종 같은 변수의 렌즈를 통해 과거를 보면서 모든 진실이 불확정적일뿐더러 "진실을 열망하는 건 헛된 일인 데다 명백히 유해하다"[17]고 은연중 내비쳤다고 힘멜파브는 주장했다.

★ Jerry Falwell Jr.. 미국 성서침례교회 목사이자 미국 보수주의의 핵심 인물이었던 제리 폴웰의 아들이다.
★★ Family Research Council. 미국의 보수적인 기독교 비영리 자선 및 활동 단체이다.

일부 비평가는 부당하게도 다문화주의의 다원성 충동을 급진적 포스트모더니스트들의 주장과 똑같이 취급하려 했다. 급진적 포스트모더니스트들은 역사를 공정하게 가르치거나 서술할 수 있는 가능성을 조롱했다. 다문화주의는 미국 예외주의*와 서구 승리주의**라는 전통서사에 대해 중요한 해결책을 제시했다. 한때 좁았던 역사의 문을 여성, 아프리카계 미국인, 아메리카 원주민, 이민자의 목소리 등 이전에는 소외되던 다른 관점에 열어준 것이다. 조이스 애플비, 린 헌트, 마거릿 제이컵이 예리하고 상식으로 가득한 『역사가 사라져갈 때』에서 주장한 대로, 다문화주의는 많은 역사 서술이 불완전하다고 강조하면서 더 폭넓은, 다시 말해 합창과도 같은 관점을 제시했다. 이들은 또 극단적인 관점이 위험하리만치 환원주의적인 믿음으로 이어질 수 있다고 경고했다. "과거에 대한 지식은 단지 집단 정체성을 확고히 하거나 강화해주는 신화를 역사화해서 특정한 이해집단을 돕기 위한 이념적 구성물에 지나지 않는다"[18]는 믿음 말이다.

과학 또한 급진적 포스트모더니스트들의 공격을 받았다. 이들은 과학 이론이 사회적으로 구성된 것이라고 주장했다. 과학 이론은 그것을 내놓는 사람의 정체성과 그것이 만들어지는 문화의 가치관에 영향을 받기 때문에, 과학이 중립성 또는 보편적 진리를 주장할 수 없다는 것이다.

"포스트모더니즘의 관점은 핵폭탄 투하 이후 그리고 냉

★ American Exceptionalism. 미국이 강력한 리더십으로 세계를 이끄는 최고 국가임을 뜻한다.
★★ triumphalism. 특정한 신조, 종교, 문화, 사회 체제가 더 뛰어나므로 다른 모든 것들을 이겨내야 한다는 태도 또는 믿음을 말한다.   [48]

전 기간 동안 생겨난 과학에 대한 양가감정과 잘 부합한다."[19] 숀 오토는 『과학 전쟁』에 이렇게 썼다. 대학에서 인문학을 가르치는 좌파 성향 교수인 그는 계속해서 이렇게 말한다. "과학은 호전적이고 친기업적인 우파 권력기구의 한 부문으로 여겨지게 되었다. 그것은 오염을 일으키고, 동정심이 없으며, 탐욕스럽고, 기계론을 따르는 데다, 성차별에 인종차별을 하며, 제국주의에 동조하고, 동성애 공포증을 갖고 있으며, 억압적이고 편협하다. 우리의 정신, 몸, 또는 대지의 영적이거나 총체적 안녕에는 신경 쓰지 않는 비정한 이념이 된 것이다."

물론 연구자의 문화 배경이 증명 가능한 과학의 사실에 영향을 미칠 수 있다는 주장은 말도 안 되는 것이었다. "대기의 CO_2는 그것을 측정하는 과학자가 소말리족 여성이건 아르헨티나 남성이건 똑같다"[20]고 오토가 간단명료히 말한 대로 말이다. 하지만 포스트모더니즘의 이런 주장은 오늘날 백신 접종을 거부하는 사람들과 지구 온난화를 부정하는 사람들을 위한 길을 열어주었다. 이들은 압도적으로 다수인 과학자들이 동의하는 의견을 받아들이길 거부한다.

오웰은 수십 년 전 다른 많은 사안에서 그랬듯이, 이런 생각이 갖는 위험성을 알아차렸다. 오웰은 1943년에 이렇게 썼다. "우리 시대의 특징은 역사가 진실하게 쓰일 수 있다는 생각을 포기하고 있다는 점이다. 과거 사람들은 의도적으로 거짓말을 하거나, 무의식적으로 윤색을 하거나, 아니면 자신이 많은 실수를 저지를 것을 잘 알아서 진실을 추구하려 애썼다. 하지만 모두가 똑같이 '사실'이 존재하고 대체로 사실을 쉽게 알아낼 수 있다고 생각했다."[21]

오웰은 계속해서 이렇게 썼다. "전체주의가 파괴하는 것은 모든 인간이 하나의 동물종이라는 함의를 갖는 바로 이런 동의의 공통된 기초이다. 실로 나치의 이론은 '진실' 따위가 존재함을 특히 부정한다. 예를 들어, '과학' 따위는 없다. '독일인의 과학', '유대인의 과학' 등이 있을 뿐이다." 진실이 파편적이고 상대적이라면 "지도자 또는 어떤 집권세력"이 사람들에게 무엇을 믿어야 할지 결정할 수 있는 길이 열린다고 오웰은 지적했다. "지도자가 이러저러한 사건에 대해 '그런 일은 일어나지 않았다'고 말하면 그 일은 일어나지 않은 것이다."

명백히 신빙성이 없는 이론을 존중받으려는 사람들 또는 홀로코스트 수정주의자의 경우처럼 전체 역사를 축소하고 은폐하려는 사람들이 모든 진실은 불완전하다는 포스트모더니즘의 주장을 이용했다. 역사학자 데버라 립스탯은 『홀로코스트 부정하기』에서 해체주의 역사가 "확립된 사실이 세대에 걸쳐 전해지는 방식을 극적으로 바꿔놓을 가능성"[22]이 있다고 말했다. 게다가 "어떤 사실도, 사건도, 역사의 측면도 고정된 의미나 내용을 갖지 않"는다고 보는 지적 풍토를 조성할 수 있다. "어떤 진실이든 바뀔 수 있다. 어떤 사실이든 재구성될 수 있다. 궁극의 역사적 진실이란 없다."

포스트모더니즘은 모든 거대서사를 거부할뿐더러 언어의 불안정성을 강조했다. 포스트모더니즘의 창시자 가운데 한 사람인 자크 데리다는 대체로 폴 드 만, 힐리스 밀러 같은 제자들 덕분에 1970년대와 80년대 미국 대학에서 유명인사가 되었다. 데리다는 자신이 개척한 텍스트 분석 유형을 가리켜 '해체'라는 말을 썼다. 이 분석 유형은 문학뿐 아니라 역사, 건축, 그리고 사회과학에도 적용되었다.

해체주의는 모든 텍스트가 불안정하고 돌이킬 수 없으리만치 복잡하며, 독자와 관찰자에 의해 언제나 변경 가능한 의미를 가질 수 있다고 상정했다. 텍스트에 모순과 애매성이 존재할 수 있다는 데 중점을 두고 의도적으로 복잡하고 과시적인 문체로 이를 주장하면서, 궁극적으로 허무주의를 함축하는 극단적 상대주의를 선포했다. 어느 것이든 무엇이든 의미할 수 있었다. 저자의 의도는 중요하지 않고 사실상 파악할 수 없었다. 모든 게 무한한 의미를 가졌기 때문에, 명백하거나 상식적인 해석 같은 건 없었다. 요컨대 진리 따위는 없었다.

데이비드 리먼이 통찰력 있는 책 『시대의 징후』에서 말한 대로, 1987년 폴 드 만에 대한 추문이 터졌을 때 해체주의 비평가들이 해체주의에 의거한 이유를 대며 변명의 여지가 없는 이 일을 변호하면서, 이들에 대한 최악의 의혹이 확인되었다.[23]

예일대 교수이자 해체주의의 최고 스타 가운데 한 사람

인 드 만[24]은 학계에서 거의 숭배와도 같은 추종을 받았다. 학생과 동료들은 그를 나치 치하 유럽을 탈출한, 사람들을 휘어잡는 매력을 가진 뛰어난 학자로 묘사했다. 드 만은 자신이 나치 치하 유럽에서 벨기에 저항군의 일원이었다고 넌지시 비쳤다. 하지만 에벌린 배리시의 전기 『폴 드 만의 이중생활』은 이와 아주 다르게[25] 드 만을 부끄러운 줄 모르는 사기꾼으로 묘사했다. 사기죄, 위조죄, 기록변조죄로 벨기에에서 유죄 선고를 받은 기회주의자에, 중혼을 한 유해한 나르시시스트라는 것이었다.

가장 충격적인 뉴스[26]는 1987년 드 만이 사망하고 4년 후에 나왔다. 한 젊은 벨기에 연구자가 2차 세계대전 동안 드 만이 친나치 벨기에 일간지 《르수아》에 적어도 100건의 기사를 쓴 사실을 밝혀냈다. 이 신문은 극렬 반유대주의를 지지해, 한 사설에서 이렇게 선언했다. "우리는 스스로 그들과 이종교배하는 것을 금지하고 사상, 문학, 예술 영역을 타락시키는 그들의 영향으로부터 우리 자신을 정신적으로 해방시키기로 결심했다."[27]

드 만은 《르수아》에 쓴 가장 악명 높은 기사에서 "유대인 작가들은 항상 이류에 머물러 있었"[28]고, 따라서 현대 유럽 문명의 발전에 "압도적인 영향력"을 발휘하지 못했다고 주장했다. 드 만은 이렇게 썼다. "그래서 유럽에 고립된 유대인 거주지를 만드는 것으로 이어질 유대인 문제의 해결책이 서구의 문학 생활에 유감스런 결과를 가져오지는 않을 것임을 알 수 있다. 기껏해야 그저 그런 가치를 가진 약간의 개성을 잃을 뿐이고, 과거와 마찬가지로 더 높은 발전 법칙에 따라 계속 발전할 것이다."

나치에 부역한 드 만의 놀라운 글에 대한 소식이 학계를 휩쓸면서, 일부 학자들은 드 만의 수치스럽고 비밀스런 과거가 그의 해체이론에 영향을 미친 게 아닐까 생각했다. 예를 들면 "저자의 실재적·역사적 존재에 대한 고찰은 시간 낭비다"[29]라는 주장 같은 것 말이다.

더욱 충격적인 것[30]은 데리다같이 드 만을 옹호하는 일부 사람들이 해체주의 원리를 이용해 그의 반유대주의 글을 해명하려 애썼다는 점이다. 이들은 드 만의 언어가 실은 그것이 말하고 있는 것처럼 보이는 것을 전복시킨다거나, 도덕적 책임을 지우기에는 그의 언어에 너무 많은 애매성이 내재해 있다고 말했다.

리먼이 인용한 드 만의 한 찬미자는 그가 유대인 작가에 대해 한 말이 불발에 그친 '아이러니'의 한 사례라 우기려 들었다. 그 글의 어조가 "유대인을 대하는 여러 부문에서 두루 볼 수 있는 무심히 조롱 섞은 어조이고, 그 조롱의 대상은 분명 유대인이 아니라 반유대주의자"[31]라고 주장했다. 다시 말해 이 찬미자는 드 만의 의도는 《르수아》 칼럼에 쓴 것과 정반대라고 말하고 있었다.

해체주의자들이 전문용어로 가득한 문체와 삐딱하게 곡예를 부리는 문장을 즐겨 사용하기는 하지만, 이들이 쓰는

"텍스트의 불확정성", "다른 이해방식", "언어의 불안정성" 같은 일부 용어는 최근 트럼프 보좌관들이 트럼프의 거짓말, 번복, 불성실한 약속을 해명하기 위해 사용하는 언어를 과시적으로 각색한 것 같은 느낌이다. 예를 들어, 한 트럼프 대변자는 "트럼프가 공개적으로 하는 말 한마디 한마디를 문자 그대로 받아들일 필요"[32]가 없다고 아베 신조 일본 수상에게 조언했다. 게다가 트럼프의 전 선거본부장인 코리 루언다우스키는 이렇게 주장했다. 언론의 문제는 "도널드 트럼프가 하는 모든 말을 문자 그대로 받아들인다"는 것인데, "미국 국민들은 그러지 않는다."[33]

'자아'와 주관성의 부상

3

우리의 주관은 완전히 우리 자신의 것이다.[1]
— 스파이크 존즈

1970년대에 학계는 포스트모더니즘을 수용했고, 이와 더불어 크리스토퍼 래시가 "나르시시즘의 문화"라 하고 톰 울프가 기억하기 쉽게 "'나'의 시대"(Me Decade)라 일컬은 것이 꽃을 피웠다. 이렇게 자기 몰두, 자기만족, 관심에 대한 갈망이 급증한 원인을, 이 두 저자는 아주 다르게 봤다.

래시는 나르시시즘을 사회 변화와 불안에 대한 방어 작용으로 보고, 가장 중요한 원인을 적대적이고 위협적인 세계에서 찾았다. 래시는 1979년에 출간한『나르시시즘의 문화』에서 냉소적인 "자기 보호와 정신적 생존의 윤리"[2]가 미국을 괴롭히게 되었다고 주장했다. 이는 미국이 베트남 전쟁의 패배, 점점 더해가는 비관적 분위기, 유명인과 명성에 집중된 대중매체 문화, 가정의 문화 전달 역할을 위축시키는 원심력과 씨름하면서 나타난 징후였다.

래시는 이렇게 썼다. 나르시시즘 환자가 점점 이 자기 몰두 시대의 상징이 되었다. 이들은 흔히 "강한 분노감", "내적 공허감", "전능감에 대한 환상과 자신이 다른 사람들을 이용할 권리를 가지고 있다는 강한 믿음"[3]을 경험한다. 이런 환자는 "혼란스럽고 충동에 시달"리며 "사람들을 업신여기면서도 찬사에 굶주려 그들이 찬사를 바치도록 교묘히 조종하고" "죄책감보다는 처벌에 대한 두려움 때문에 사회 규칙에" 따르는 경향이 있다.

톰 울프는 래시와 달리 1970년대 "나…나…나…"의 폭발을 대체로 더 즐겁고 쾌락주의적인 발전으로 보았다. 2차 세계대전 이후의 경제 호황으로 동력을 얻은 계급 해방의 행위라는 것이다. 경제 호황은 노동자계급과 중산계급에 여가 시간과 가처분소득을 남겨 한때 귀족에 국한되었던 허영심을 드러내는 일, 다시 말해 영광스러운 자아를 "개작하고, 개조하며, 고상하고 세련되게 만드는 일을 추구할 수 있게 했다."[4]

21세기에 경제 상황은 상당히 더 암울해지겠지만, 울프와 래시가 말한 자기 몰두는 1970년대 "'나'의 시대"부터 킴과 카니예의 '셀피' 시대*를 거치며 서구 삶의 지속적인 특징으로 남을 것이다. 컬럼비아법학전문대학원 교수인 팀 우가 말한 "치장한 자아"[5]의 우세와 "자기 자신을 구경거리 삼아 다른 사람들의 관심을 끌"려는 욕구를, 소셜미디어가 한층 더 촉진할 것이다.

★ 미국의 모델 겸 영화배우 킴 카다시안과 힙합 가수 카니예 웨스트 부부는 평소 소셜미디어에 누드를 비롯해 과감한 셀피를 자주 올리는 것으로 유명하다.

이런 주관성이 수용되면서 객관적 진실은 약화되었다. 지식보다 의견을, 사실보다 느낌을 찬양하게 된 것인데, 이런 상황 전개는 트럼프의 부상을 반영하는 동시에 조장했다.

세 가지 사례가 있다. (1) 트럼프는 자기 재산을 크게 부풀린 것으로 고소당해 2007년 법정 증언에서 순자산에 대해 질문을 받았다. 트럼프는 상황에 따라 다르다고 대답했다. "내 순자산은 변동을 거듭해서 시장, 사람들의 태도와 기분, 심지어 내 기분에 따라 오르락내리락하죠."[6] 그러면서 "질문을 받을 때" 자신의 전반적인 태도에 따라 달라진다고 덧붙였다.

(2) 트럼프는 블라디미르 푸틴에게 러시아의 미국 대통령 선거 개입에 대해 물어봤느냐는 질문을 받고서 이렇게 대답했다. "나는 푸틴이 자신과 러시아가 미국 대통령 선거에 개입하지 않았다고 생각한다고 믿습니다."[7]

(3) 2016년 공화당 전당대회 동안 제대로 알지도 못하면서 토착주의 법질서를 이야기한 트럼프의 연설에 대해 CNN 뉴스 진행자 앨리신 캐머로터가 전 백악관 대변인 뉴트 깅그리치에게 물었다. 이 연설에서 트럼프는 미국을 폭력과 범죄에 시달리는 나라로 잘못 묘사했다. 캐머로터의 질문에, 깅그리치는 날카롭게 반박했다. "당신의 견해를 이해합니다. 현재 사람들의 견해는 진보주의자들이 가진 통계자료가 이론상으론 맞을지 모르지만 실제 인간은 그렇지 않다는 겁니다. 사람들은 겁에 질려 있어요. 정부가 자신들을 포기

했다고 느끼고 있죠."[8]

캐머로터가 범죄 통계자료는 진보 측 수치가 아니라 FBI에서 나온 것이라고 지적했다.

아래는 이때 오간 대화다.

깅그리치: 아니요, 하지만 내가 말한 것도 똑같이 진실입니다. 사람들은 그렇게 느끼고 있어요.

캐머로터: 사람들이 그렇게 느낀다고요, 네, 하지만 사실이 그걸 뒷받침해주지 않습니다.

깅그리치: 나는 정치 후보자로서 사람들의 느낌을 지지할 것입니다. 당신은 당신대로 이론가들을 지지하도록 내버려두죠.

근시안적 자아 추구에 치중해서 때로는 시민의 책임을 무시하는 미국인들의 성향이 꼭 새로운 건 아니다. 알렉시드 토크빌이 『미국의 민주주의』를 쓴 것은 사람들이 페이스북과 인스타그램을 이용해 셀피를 올리고 인터넷이 우리를 생각이 비슷한 사람들끼리 모이는 저장탑 안으로 분류해 넣길 시작하기 한 세기 반도 더 전의 일이었다. 이 책에서 토크빌은 "비슷한 조건, 습관, 관습으로 묶인 작은 사적 집단"에 들어박혀 "사생활의 즐거움에 빠지"[9]는 미국인들의 성향을 지적했다. 그러면서 이런 자기 몰두가 더 큰 공동체에 대한 의무감을 약화시켜 통치자들의 부드러운 전제정치에 길을 터줄 것이라고 우려했다. 권력이 전제정치를 하지는 않으나 "국민을 억눌러, 무기력하게 만들어, 침묵시키고, 우민화"해서 "정부가 모는 소심하고 근면한 가축 떼와 다를 바 없을 정도로 위축"시킬 수 있다는 말이다. 이것이 물질만능주의 사회가 치러야 할 대가일 수 있다고 토크빌은 예견했다. 물질만능주의 사회에서 사람들은 "삶에 과잉공급되는 소소하고 보잘것없는 즐거움"을 얻는 데 치중해 시민으로서의 책임을 무시하게 된다는 것이다. 토크빌은 이렇게 썼다. "자기통치 습관을 완전히 포기한" 이런 사람들이 어떻게 "자신의 통치자를 제대로 선택할 수 있을까."

20세기 중반, 자아실현의 추구가 기성문화와 반문화 모두에서 폭발적으로 늘었다. 1960년대와 70년대에 에살렌 인스티튜트*와 EST**와 대면집단***이 인간 의식의 확장에 열중한 히피와 뉴에이지를 추구하는 사람들을 매료시켰다. 그런데 이들에 앞서 큰 영향을 끼친 인물이 둘 있었다. 이 둘의 자아실현주의는 좀더 물질주의적이어서 정치인과 교외 지역에 거주하는 로터리클럽**** 회원들에게 더 매력적이었다. 1952년 자기계발서 베스트셀러 『적극적 사고방식』의 저자

★ Esalen Institute. 1962년에 캘리포니아에 세워진 비영리 대안 교육기관으로, 뉴에이지 문화, 동양사상과 서양사상이 융합된 사상을 교육철학으로 삼아 박애주의와 환경문제 등 기존 교육기관에서 다루지 않던 주제를 가르쳤다.
★★ Erhard Seminars Training. 1971년 베르너 에르하르트가 만든 단체로, 그는 끊임없는 훈련을 통해 완전한 본질적 변화가 가능하다고 주장했다.
★★★ encounter group. 미국의 임상심리학자 칼 로저스가 처음 시작한 소집단 활동으로, 개인의 자아 인식을 확장하고 잠재력을 발전시키는 데 초점을 둔 인간 잠재력 개발 운동의 일환이다.
★★★★ 실업가 및 전문직업인들의 단체이다.

노먼 빈센트 필은 번영복음*을 팔러 다니는 '하느님의 판매원'으로 유명한데, 트럼프의 아버지인 프레드의 존경을 받았다.[10] 어린 트럼프는 유명인이던 이 목사에게 자아실현에 대한 가르침을 받고 현실 자체를 만들어내는 정신의 능력을 내면화했을 것이다. "아무리 어렵고 심지어 가망 없어 보일지라도, 우리 앞의 어떤 사실도 그 사실에 대한 우리의 태도만큼 중요하지는 않다."[11] 필은 이렇게 썼는데, 성공 원칙과 더불어 부인(denial) 원칙을 주장하는 것 같다. "자신감 넘치고 낙관적인 사고방식이 사실을 완전히 수정하거나 극복할 수 있다."

역시 트럼프가 존경하는 작가인 에인 랜드(『파운틴헤드』는 수년간, 트럼프가 가장 좋아한다고 꼽은 몇 안 되는 소설 가운데 하나였다[12])는 거래주의** 세계관, 성공과 미덕의 동일시, 규제 없는 자본주의의 당당한 수용으로 몇 세대에 걸친 정치인들의 충성 서약을 받았다.[13] 이들 정치인에는 폴 라이언, 랜드 폴, 론 폴, 클래런스 토머스가 포함된다. 이기심이 도덕적 명령이고, 인간의 "가장 높은 도덕적 목적"은 "자기 행복의 추구"[14]라는 에인 랜드의 주장은 트럼프의 제로섬 세계관과 제약 없는 나르시시즘을 떠올리게 한다.

서구가 1960년대와 70년대의 문화 격변과 그 여파를 겪으며 요동칠 때, 예술가들은 이렇듯 파편화된 현실을 묘사하는 방

---

* prosperity gospel. 인간이 하느님에 대한 믿음을 가지고 있으면 하느님이 안전과 번영을 가져다주리라고 보는 종교적 믿음을 말한다.
** transactionalism. 인간 본성인 사회적 교류를 인간 사이의 거래로 보는 철학적 접근법이다.

법을 놓고 씨름했다. 존 바스, 도널드 바셀미, 윌리엄 개스 같은 일부 작가들은 관습적인 스토리텔링보다는 형식과 언어에 더 강조점을 두는 자의식 강한 포스트모더니즘 소설을 썼다. 다른 작가들은 미니멀리즘 접근법을 택해 지독히 간결한 레이먼드 카버의 소설을 본받아 초점을 좁혀 절제된 소설을 썼다. 그리고 더 폭넓은 진실의 추구가 학계에서 갈수록 인기를 잃고 일상생활이 점점 더 불안정하게 느껴지면서, 일부 작가들은 가장 사소하고 가장 개인적인 진실에 집중했다. 다시 말해 자기 자신에 대해 썼다.

필립 로스는 1961년(1961년이다!)에 미국의 현실이 혼란스러워져서 "빈약한 상상력에는 당혹스럽"[15]게 느껴진다고 썼다. 그 결과 "소설가가 자진해서 우리 시대의 거시적인 사회 정치 현상으로부터 관심을 거둬들이"고, 로스 자신은 좀 더 알기 쉬운 자아의 세계로 물러나게 되었다고 했다.

톰 울프는 1989년에 논란을 불러일으킨 어느 글에서 이런 상황 전개를 한탄하며, 미국 소설의 전통적 리얼리즘이 사망했다고 애도했다. 그러면서 소설가들이 "(자아의 세계로부터 나와) 이렇게 요동치는, 기이하고, 예측불가능하며, 돼지들이 발을 쿵쿵 구르며 걷는 바로크적인 우리의 나라로 향해 그것을 문학 자산으로 되찾"[16]을 것을 촉구했다. 울프는 『허영의 불꽃』, 『한 남자의 모든 것』 같은 소설에서 직접 이를 시도했다. 기자로서 가진 기량을 이용해 발자크와 같은 세부 묘사로 다양한 영역의 하위문화에 살을 붙였다. 울프는 기자의 목소리와 관점을 새로이 강조한 1970년대 뉴저널리즘의 영향력 있는 주창자였다. 하지만 그의 새로운 선언이 문학계의 많은 이들을 전향시키지는 못했다. 오히려 루이스 어드리크, 데이비드 미첼, 돈 드릴로, 줄리언 반스, 척 팔라닉, 길리언 플린, 로런 그로프 같은 작가들은 수십 년 전 윌리엄 포크너, 버지니아 울프, 포드 매덕스 포드, 블라디미르 나보코프 같은 혁신자들이 〈라쇼몽〉 같은 새로운 현실을 포착하고자 개척한 다중시점, 신뢰할 수 없는 화자, 뒤엉킨 이야기 구성 같은 장치를 여러모로 활용했다. 빌 클린턴 전 대통령의 악명 높은 말로 하자면, 이런 현실에서 주관주의 원칙과 진실은 "'is'가 뭘 의미하는지에 달려 있다."[17]★

하지만 많은 작가들에게는 로스가 말한 "자아라는 순전한 사실, 침범할 수 없고 강력하며 확실한 자아, 비실재적 환경에서 유일하게 실재하는 자아에 대한 통찰"[18]이 여전히 더 편안한 영역이었다. 실제로 이것은 밀레니엄 전환기에 괄목할 만한 회고록 전성기로 이어졌다. 이들 회고록에는 메리 카의 『거짓말쟁이들의 클럽』과 데이브 에거스의 『비틀거리는 천재의 가슴 아픈 이야기』 같은 고전이 포함되어 있다. 이 두 작가는 이 작품으로 그들 세대의 가장 중요한 목소리로 확고히 자리 잡았다.

밀레니엄 전환기에 일어난 회고록의 대유행과 블로그의

★ 1998년, 클린턴 전 미국 대통령은 모니카 르윈스키와의 성추문과 관련해 "어떤 방식, 형태, 유형의 성행위도 전혀 없다"(there is absolutely no sex of any kind in any manner, shape or form)고 자신의 변호사가 한 말이 진실인가 하는 질문을 받고서 "그건 'is'가 뭘 의미하는지에 달려 있다"고 대답했다. 'is'가 '없었다'는 뜻이면 별개 문제지만, '현재 없다'는 뜻이면 맞는 말이라는 것이다.

인기는 마침내 칼 오베 크나우스고르의 여섯 권짜리 자전소설에서 절정에 이르렀다. 이 소설은 작가 자신의 일상생활에서 끌어낸 상세한 세부 묘사로 가득하다. 이 과정에서 개인일기나 소셜미디어 계정에 남기는 게 더 나았을 법한, 제멋대로에 자기현시적인 다른 작가들의 작품도 많이 나왔다. 이 자기 응시의 귀류법은 제임스 프레이의 베스트셀러 『백만 개의 작은 조각들』이었다. 이 책은 회고록으로 팔렸으나, 2006년 1월 스모킹건*은 이 책에 담긴 "그의 범죄 이력, 징역형, '3개국에서 지명수배된' 범법자 신분과 관련된 구체적 내용이 완전히 조작되거나 심히 윤색되었다"[19]고 알렸다. 프레이는 이렇게 자신을 각색해 실제보다 더 악명 높은 인물인 것처럼 만들려고 한 듯싶다. 그러면 아마도 이후의 '속죄'가 전형적인 재기에 관한 이야기로서 더욱 감명 깊을 것이기에 말이다. 프레이는 나중에 스모킹건이 알린 "내용 대부분"이 "상당히 정확하다"[20]고 인정했다. 일부 독자들은 가짜 엉터리 책을 샀다고 화를 냈는데, 이들에게 프레이의 책은 사기였다. 회고록이 구현해야 할 정직성, 진정성, 솔직성 같은 속성을 거부한 것이었다. 하지만 다른 독자들은 사실과 허구의 구별을 대수롭지 않게 여겼다. 이런 반응은 진실의 경계가 흐려진 데 대해 사람들이 얼마나 안이한 생각을 갖게 되었는지 보여주는 징후다.

객관적 진실이라는 개념이 인기를 잃고 전통적인 연구로 수

★ Smoking Gun. 법률 문서, 체포 기록, 경찰의 범인 식별용 얼굴 사진 등 주류 언론매체가 보도하지 않는 정보를 게시하는 웹사이트이다.

집한 실증적 증거가 의심의 눈초리를 받으면서, 자기 개인에 관한 증언이 대학 캠퍼스에서도 유행하게 되었다. 학술 저자들은 인종, 종교, 성, 사회 배경, 개인의 경험 같은 자기 '위치'에 관한 상세한 설명으로 서문을 시작했다. 이런 것들이 자신의 분석에 영향을 미치거나 분석을 왜곡하거나 아니면 뒷받침해줄 수 있기 때문이었다. 애덤 베글리는 1994년 『링구아프랑카』에 이 새로운 '자아* 비판'의 일부 지지자들이 자격을 제대로 갖춘 학문적 자서전을 쓰기 시작했다고 썼다. 그러면서 자서전 쓰기 유행이 1960년대까지, 다시 말해 초기 페미니즘 의식을 높인 집단까지 거슬러 올라가고, 흔히 "다문화주의와 동시에 확산된다"[21]고 지적했다. "소수자 경험에 대한 뉴스는 흔히 일인칭 단수로 제시된다. 게이 연구와 퀴어 이론의 경우도 마찬가지다."

레슬리 헤이우드는 1996년 『굶주림에 대한 열정: 현대 문화의 거식증적 미학』에서 자신의 거식증 그리고 한 유부남과의 굴욕적인 관계같이 자기 인생에 일어난 사건을 이용해, 거식증과 모더니즘의 유사성을 밝혔다. 이런 접근법은 T. S. 엘리엇의 『황무지』 같은 걸작을 반여성, 반비만 미학의 사례 연구로 환원시키는 결과를 낳았다.[22]

개인의 이야기나 의제가 전기에도 나타나기 시작했다.[23] 전기는 더 이상 단순히 다른 사람의 생애 연대기가 아니었다. 오히려 노먼 메일러의 『청년 피카소의 초상』처럼 철학적 선언을 하거나, 플로베르의 정부인 루이즈 콜레의 초상을 그

★ moi. 프랑스어로 '자아', '자기'라는 뜻이다.

린 프랜신 뒤 플레시 그레이의 『분노와 격정』처럼 페미니즘 논쟁을 벌이거나, 페이지 바티의 『미국인 먼로: 정치적 통일체 만들기』처럼 해체주의를 실천하기 위한 무대가 되었다.

이런 전기 가운데 가장 상식을 벗어난 것은 레이건의 공식 전기작가인 에드먼드 모리스가 1999년에 내놓은 『더치: 도널드 레이건 회고록』이었다. 이 전기는 사실과 상상을 래그타임풍으로 복잡하게 뒤섞어놓았는데, 실제 모리스보다 스물여덟 살이 많고 아마도 어렸을 때 물에 빠져 죽을 뻔했다가 미래의 대통령 덕분에 목숨을 구한 허구의 화자를 내세웠다. 모리스는 현직 대통령에 대한 특별 접근권과 그의 개인 기록을 이용해서 40대 미국 대통령을 세밀히 그리거나 이란 콘트라 사건* 또는 냉전 종식 같은 중요한 쟁점을 붙들고 씨름하지 않았다. 그보다는 허구의 화자, 허구의 가족, 허구 또는 반(半)허구의 희망과 꿈에 대해 가식적으로 서술했다. 이런 접근법을 취한 이유는 자신이 전기 인물에 대해 "아무것도 알"[24]지 못한다는(이는 전기작가의 가장 기본 되는 임무를 포기한 것이다) 사실을 깨달았기 때문이며, 또 자신의 예술적 포부 때문이기도 하다고 모리스는 해명했다. "나는 로널드 레이건으로 문학작품을 만들고 싶다." 모리스는 이렇게 선언했다. 또 허구의 화자를 이용함으로써 "전기의 정직성에서 진전"을 이뤘다고 말했다. 독자에게 모든 글쓰기에 포함된 주관적 요소를 상기시킨다는 것이다.

이것은 재닛 맬컴의 이기적인 논리를 그대로 되풀이한

★ 미국 국가안전보장회의(NSC)는 레바논에 억류되어 있는 미국인 인질을 석방시킬 목적으로 비밀리에 이란에 무기를 판매하고 그 대금의 일부를 니카라과의 콘트라 반군에 지원했다.

주장이었다. 재닛 맬컴은 1994년 실비아 플라스와 테드 휴즈에 대해 대단히 편파적으로 쓴 『말 없는 여인』에서 자신은 공정성과 객관성을 경멸하며, 모든 전기작가가 이런 경멸을 공유한다고 말했다. 이는 솔직하지 못한 주장이었다. 맬컴은 자신의 책에서 자료를 신중히 따져보거나 평가하는 노력을 기울이기보다, 휴즈의 문학적 재능, 매력적인 외모, "속수무책의 솔직성"을 극찬하는 일종의 기나긴 팬레터를 썼다. "휴즈를 향한 다정한 감정"[25]에 대해, 그리고 휴즈의 편지를 읽으면서 "이 작가에 대한 강렬한 연민과 애정의 감정으로 부풀어오른 타자 글자에" 얼마나 "공감"했는지에 대해 썼다.

포스트모더니즘은 모든 진실이 불완전하며 보는 관점과 상관관계에 있다고 주장했다. 이런 주장은 어떤 사건을 이해하거나 기술하는 타당한 방식이 단 하나가 아니라 여러 가지로 많다는 연관된 주장으로 이어졌다. 이 두 가지 주장은 좀더 평등주의적 담론을 촉진했고 이전에는 권리를 박탈당했던 목소리들이 소리를 낼 수 있게 했다. 하지만 공격적인 이론이나 틀렸다고 밝혀진 이론을 주장하고 싶어하는 사람들, 또는 동등하게 취급할 수 없는 것을 동등하게 취급하고 싶어하는 사람들도 이 주장을 이용했다. 예를 들어, 창조론자들은 학교에서 진화론과 함께 '지적설계론'을 가르치도록 요구했다. 어떤 사람들은 "둘 다 가르치라"[26]고 주장했고, 또 어떤 사람들은 "양측의 논쟁에 대해 가르치라"[27]고 주장했다.

트럼프 대통령은 이 '양측' 주장을 변형해 이용했다. 백인 우월주의 반대 시위를 하는 사람들을, 남부연합 동상 철거에 항의하기 위해 버지니아주 샬러츠빌에 모여든 신나치주의자들과 동등하게 취급하려 했다. "양측 일부는 아주 좋은 사람들"[28]이라고 트럼프는 말했다. 또 "우리는 많은 측에서 드러내는 이런 지독한 혐오, 편견, 폭력을 가능한 가장 강력한 말로 규탄한다"고도 했다.

기후변화를 부정하는 사람들, 백신 접종을 거부하는 사람들 등 과학 편에 서 있지 않은 집단들은 "많은 측(면)", "다양한 관점", "불확정성", "다양한 이해방식"같이 대학의 해체주의 수업에 어울릴 법한 말들을 퍼뜨린다. 나오미 오레스케스와 에릭 M. 콘웨이가 2010년 출간한 책 『의혹을 팝니다』에서 보여준 대로[29] 우파 두뇌집단, 화석연료 산업 그리고 다른 기업 이익단체들은 기후변화의 실체 또는 석면이나 간접흡연이나 산성비의 위험과 관련해 과학에 대한 불신을 불러일으키기에 여념이 없다. 이를 위해 이들은 사람들이 흡연의 위험을 애매한 것으로 여기게 하려고 담배산업이 최초로 쓴 전략을 이용한다. "우리가 팔아야 할 것은 의심이다."[30] 1969년 담배산업의 한 경영자는 악명 높은 메모에 이렇게 썼다. "그게 일반 대중의 마음속에 있는 '사실'과 경쟁하는 최고의 수단이기 때문이다."

이 전략은 기본적으로 이랬다.[31] 기존 과학을 반박하거나 더 많은 연구가 필요하다고 주장할 이른바 전문가를 몇

명 찾아내, 이 가짜 주장을 논란거리로 만들어 계속 반복하고, 반대편인 명망 있는 진짜 과학자들을 공격하는 것. 이것이 익숙하게 들린다면, 트럼프와 공화당 협력자들이 전문가 분석과 전국 여론조사에 역행해 총기 규제부터 국경 장벽 설치에 이르는 문제에 관한 정책을 옹호하기 위해 이용한 전략이기 때문이다.

오레스케스와 콘웨이는 "소수의 견해에 받을 만한 것보다 더 많은 신뢰를 보내"는 경향이 있는 주류 언론이 이른바 '담배전략'을 거든 부분이 있다고 주장했다.[32] 이 거짓 등가성*은 저널리스트들이 균형을 진실과, 의도적인 중립성을 정확성과 혼동하고, '양측'을 모두 보여주라는 우파 이익집단의 압력에 굴복한 결과였다.[33] 그래서 텔레비전 뉴스 프로그램은 한쪽이 압도적인 여론을 대변하고 다른 한쪽은 과학계에서 거의 완전한 특이치(outlier)에 해당하는데도 대립하는 견해 사이의 논쟁을 특집으로 다룬다. 예를 들어, 2011년 BBC 트러스트의 한 보고서는 BBC의 과학 보도가 인위적인 기후변화라는 주제와 관련해서 "미미한 의견에 과도한 주의를"[34] 기울인다고 밝혔다. 또는 《텔레그래프》가 한 머리기사에서 쓴 대로 "BBC 자문단은 상식을 벗어난 사람을 과학 프로그램에 부르는 일을 중단하라고 말했다."[35]

크리스티안 아만푸어**는 언론의 자유에 관한 한 연설에서, 2016년 미국 대통령 선거전을 전하는 언론 보도의 맥

★ false equivalence. 정반대되는 두 논거가 논리적으로 동등해 보이지만 실은 그렇지 않을 때 일어나는 논리적 오류이다.

★★ Christiane Amanpour. 이란계 영국 저널리스트로, CNN 국제 뉴스 주요 앵커이자 CNN 인터내셔널에서 매일 밤 방송하는 인터뷰 프로그램 〈아먼푸어〉의 진행자이다.

락에서 이 문제를 이야기했다.

내가 있었던 해외에서 지켜보는 많은 사람들과 마찬가지로, 나는 한 대통령 입후보자 앞에는 유난히 높은 장애물이, 다른 입후보자 앞에는 유난히 낮은 장애물이 놓여 있다는 데 솔직히 충격을 받았습니다. 언론 대부분이 스스로 혼란에 빠져 균형, 객관성, 중립성, 그리고 결정적으로 진실을 구별하는 데 애먹는 것처럼 보였습니다.

우리는 낡은 패러다임을 지속할 수 없습니다. 예를 들면 지구 온난화 같은 경우 99.9퍼센트의 실증적이고 과학적인 증거가 지구 온난화를 부정하는 극소수 사람들과 똑같이 다뤄지고 있잖아요.

나는 오래전 보스니아에서 이뤄진 인종 청소와 집단 학살을 취재하면서 배운 게 있습니다. 희생자를 정당한 이유 없이 공격하는 사람과 동등하게 취급해서는 안 된다는 것을, 도덕이나 사실의 거짓 등가성을 만들어내서는 안 된다는 것을 말입니다. 그러면 도무지 입에 담지 못할 범죄와 그 결과의 공범이 되기 때문입니다.

나는 중립성이 아니라 진실을 믿습니다. 그리고 우리가 진실을 진부하게 만드는 일을 멈춰야 한다고 믿습니다.[36]

실재의 소멸

4

내가 현실 주입 테이프에 개입하고 싶은 걸까?
만약 그렇다면, 왜?
내가 그걸 통제하면 현실을 통제하는 것이기 때문이지.[1]
— 필립 K.딕, 「전자 개미」

뉴 밀레니엄의 첫 20년 동안 기자들이 미국의 일상 현실을 묘사하려 애쓰면서 매시간 들먹이게 된 두 가지 단어는 '초현실'과 '혼돈'이다. 지금 미국에서는 매일 19명의 아이들이 총격을 당하고,[2] 미국 대통령이 북한의 김정은과 핵무기로 치킨게임을 하고 있으며, 인공지능 엔진이 시와 소설을 쓰고, 어니언*과 CNN의 주요 뉴스를 분간하기가 어렵다.

트럼프 대통령의 불안정한 임기는 실재 왜곡의 절정을 보여준다. 우리는 우리가 아는 진실과 정치인들이 말하는 진실의 괴리, 상식과 실제로 세상이 돌아가는 방식의 괴리를 보면서 급속히 방향을 상실한 느낌을 받고 있다. 하지만 이런 방향 상실의 기원은 1960년대까지 거슬러 올라간다. 당시 사회가 분열되고 통치체제, 기득권층, 엘리트들이 제공하던 공식서사가 무너지기 시작하면서 뉴스 주기가 빨라졌다.

★ The Onion. 미국의 디지털 미디어 회사이자 신문사로, 세계와 미국 국내 및 지역에 관한 풍자적 뉴스 기사를 발행한다.

1961년 필립 로스는 미국의 현실에 대해 "망연자실하고, 역겨우며, 화가 치민다"[3]고 썼다. 또 이렇게 불평했다. 일간 신문은 "우리를 경이와 두려움으로 채운다. 그게 가능한 일이야? 그런 일이 일어나고 있다고? 그리고 물론 우리를 극심한 슬픔과 절망으로 채운다. 부정, 추문, 광기, 배신, 어리석음, 거짓말, 위선, 소음…."

로스는 현실이 소설가의 상상력을 초과해서 소설가라면 누구나 질투할 만한 리처드 닉슨과 로이 콘* 같은 실제 인물을 만들어내고 있다고 느꼈다. 반세기 이상이 지나 트럼프 시대에 풍자소설과 스파이소설 작가들은 로스의 이런 느낌에 공감할 것이다. 그리고 로스는 소설가들이 스스로 당혹스럽게 느끼는 세계를 창의적으로 다루기는 어려울 것이라고 봤다. 이런 관찰은 《에스콰이어》 선집이 입증한 대로 저널리즘, 특히 톰 울프가 말한 뉴저널리즘이 왜 1960년대의 삶을 포착하는 데서 소설을 능가하기 시작했는지 설명하는 데 도움이 된다. 《에스콰이어》 선집은 노먼 메일러, 마이클 허, 게이 탤리즈 같은 작가들이 쓴 이 잡지의 대표적 기사들을 골라 모았는데, 적절하게도 '웃으면서 세상의 종말을 통과하다'라는 제목이 붙었다.

정치인들은 항상 현실을 조작해왔지만, 텔레비전과 이후의 인터넷은 진실을 얼버무리는 새로운 플랫폼을 제공했다. 공화당 전략가인 리 애트워터는 1980년대에 "인식이 곧 현실

★ Roy Cohn. 1954년 미국 육군-매카시 청문회 동안 조지프 매카시의 최고 법률 자문을 맡아 공산주의자 색출을 위한 조사를 도운 것으로 가장 유명한 변호사다.

이다"⁴라고 말했다. 이는 호메로스가 오디세우스를 속임수와 위장에 능한 교활한 책략가로 불멸하게 했을 때 잘 알고 있었던 인간 심리에 대한 통찰을 직설적으로 표현한 것이었다. 하지만 애트워터는 이 교훈을 냉혹하게 이용했다.⁵ 분열을 불러일으키는 쟁점을 이용해 원로당의 남부전략*을 촉진하고 1988년 미국 대통령 선거운동에서 악명 높은 윌리 호튼 광고**를 만들어냈다. 이는 이기기 위해서라면 무슨 수든 쓰고 대중매체를 전달체계로 이용하는, 두려운 종류의 마키아벨리주의를 미국의 주류 정치에 주입했다.

거의 30년이 지나, 트럼프는 윌리 호튼의 역할을 이민자들에게 맡겼다. 게다가 시계를 한층 더 뒤로 되돌려, 사냥개 호각으로 사냥개 다루듯 하는 인종주의를 좀더 공공연한 인종주의와 조지 월리스***의 수사법으로 바꿨다. 동시에 인터넷이 주도하는 새로운 풍경이 펼쳐지고 정치 쟁점에 관한 유권자들의 무지가 점점 더 커지면서 이들의 두려움과 분노를 이용하기가 그 어느 때보다 더 쉬워졌다는 점을 트럼프는 본능적으로 알았다. 흡인력 있는 바이러스성 이야기를 홍보해 대안현실을 제공하는 방식으로 말이다. 트럼프는 또 '가짜

★ southern strategy. 남부의 백인 표를 얻으면 전국을 제압한다는 선거전략이다.

★★ 1988년 미국 대통령 선거 당시 공화당의 조지 부시 후보가 민주당의 마이클 듀카키스 후보의 이미지를 깎아내리는 데 사용한 광고다. 윌리 호튼은 듀카키스가 주지사로 있던 매사추세츠의 살인범으로 가석방 기간에 강간과 폭행을 저질렀는데, 이 광고는 그 책임이 듀카키스에게 있다는 인식을 심어줬다.

★★★ George Wallace. 1960년대에 인종분리 정책 철폐에 저항한 정치인으로, 앨라배마 주지사를 지냈다. 케네디 행정부의 인종평등 정책을 정면으로 반박하며 앨라배마대학교 최초의 흑인 학생인 제임스 후드가 대학 건물로 들어가는 걸 막기도 했다.

뉴스'로 언론의 신임을 떨어뜨리려는 노력을 강화해, 한때 레닌과 스탈린이 사용한 '민중의 적'이라는 으스스한 말로 기자들을 공격했다.

트럼프는 반사적이고 뻔뻔한 거짓말만 한 게 아니라 수만 가지 거짓말을 결합해 마찬가지로 사람들의 두려움에 호소하는 가짜 이야기를 만들어냈다. 그는 미국을 범죄로 휘청거리는 나라로 묘사했지만,[6] 실제 미국의 범죄율은 1991년 절정에 이르렀을 때보다 절반 미만으로, 역사에 남으리만치 낮았다. 미국을 폭력적인 이민자의 물결에 시달리는 나라로 묘사했지만, 실은 이민자가 미국 태생의 시민보다 폭력 범죄를 저지를 가능성이 낮다는 사실을 연구는 보여준다. 또, 이민자가 미국에 부담이 되므로 더 세심히 심사해야 한다고 했지만, 실은 2000년 이후 노벨상을 받은 미국인 78명 가운데 31명이 이민자이고 거의 4조 달러의 가치를 갖는 미국 최상위 첨단기술 기업 가운데 어림잡아 60퍼센트의 설립을 도운 게 바로 이민자와 그 자녀들이었다. 요컨대, 트럼프는 나라가 심각한 곤경에 처해 구세주가 필요하다고 주장했다.

트럼프는 정계에 입문하기 오래전부터 거짓말을 사업 수단으로 이용했다.[7] 자신이 소유한 주요 건물인 트럼프타워의 높이가 68층이라고 주장했지만 사실은 58층이었다. 또, 존 배런 또는 존 밀러라는 이름의 홍보 담당자가 있는 척해서 가짜 아이디를 만들어 자신의 성취를 자랑했다. 자신을 부풀리고 사취(詐取)로 사업을 일으키며 사람들의 기대를 이용하기 위해 거짓말을 했다. 만사가 순전히 거래였다. 중요한 건 오로지 파는 것이었다.

트럼프는 수년간 부동산 개발업자이자 리얼리티 TV 스타로 지내면서 트럼프 호텔, 트럼프 남성복, 트럼프 천연샘물, 트럼프 대학, 트럼프 스테이크, 트럼프 보드카, 트럼프 홈컬렉션 등 닥치는 대로 자기 이름을 붙였다.[8] 대부분의 성공한 광고주(와 성공한 선동가)와 마찬가지로, 트럼프는 기억하기 쉽고 단순한 표어 같은 어구를 자주 반복하면 잠재 고객의 마음에 상품(과 자기 이름)을 깊이 새기는 데 효과가 있음을 알았다. 정치 집회에서 'MAGA'* 모자를 나눠주기 수십 년 전에, 트럼프는 역사가 대니얼 부어스틴이 말하는 '유사 사건'**, 다시 말해 주로 "보도되거나 재생산되도록 하려는 직접적인 목적을 가지고 계획하거나 배치하거나 선동한"[9] 사건을 연출하는 데 전문가가 되었다.

부어스틴이 1962년에 쓴 책 『이미지와 환상』은 장 보드리야르와 기 드보르 같은 프랑스 이론가부터 닐 포스트먼과 더글러스 러시코프 같은 사회비평가까지 수많은 저자들의 저작에 영향을 미쳤다. 이 책은 카다시안 가족이나 오스본 가족*** 또는 필사적인 많은 주부들이 실제로 우리의 거실에

★ Make America Great Again. 트럼프의 대통령 선거 구호였던 '미국을 다시 위대하게 만들자'의 줄임말이다.
★★ pseudo-event. 대중매체에 보도되기 위해 꾸며진 '사건'을 말하지만 완전한 '가짜'는 아니다. 홍보의 전부는 아니지만 대부분을 이룬다고 할 정도로 홍보의 핵심 수단이다.
★★★ 킴 카다시안 가족의 일상을 담아내는 리얼리티 프로그램 〈카다시안 가족 따라잡기〉는 2007년부터, 미국의 전설적인 헤비메탈 가

나타나기 수십 년 전, 묘하게 리얼리티 TV를 예견했다. 실로, 부어스틴은 도널드 J. 트럼프와 매우 비슷한 인물의 출현을 예상했다. 부어스틴의 말대로 하자면 "유명"해서 유명한 유명인 말이다.[10] 이 인물은 〈셀레브리티 어프렌티스〉*라는 프로그램까지 진행하게 될 터였다.[11]

19세기 서커스 단장이자 흥행사인 P. T. 바넘은 뉴욕시에서 호기심 박물관을 운영했다.[12] 이 박물관에는 원숭이 유해에 물고기 꼬리를 꿰매어 만든 것으로 밝혀진 인어같이, 날조한 것들로 가득했다. 부어스틴이 바넘에 대해 한 이야기는 현대 독자에게 섬뜩하리만치 익숙하게 들린다. 자칭 "사기의 대가"[13]인 바넘의 "위대한 발견은 대중을 속이는 일이 무척 쉽다는 게 아니라 많은 대중이 즐거이 속임을 당한다는 것이었다." 그게 즐거운 일인 한 말이다.

부어스틴은 『이미지와 환상』에서 이미지가 이데아(실재)를 대체하는 것과 똑같은 방식으로 '신용'(credibility) 개념이 진실 개념을 대체하고 있다고 썼다. 사람들은 어떤 것이 사실인지보다 "그것을 믿는 게 편리"한지에 더 관심을 둔다. 그리고 신빙성(verisimilitude)이 기준으로서 진실을 대체했듯이 "사회적으로 보상받는 기술"이 "어떤 것을 진실처럼 보이게 만드는 기준"이 되었다. 1960년대 초에 매디슨 애비뉴의 매드맨**이 세상의 새로운 주인이 된 건 놀라운 일이

수인 오지 오스본 가족의 실생활을 보여주는 시트콤 형태의 리얼리티 프로그램 〈오스본 가족〉은 2003년부터 방영되어 큰 인기를 끌었다.
★ The Celebrity Apprentice. 참가자들의 장사 수완을 판단하는 NBC 리얼리티 프로그램 〈어프렌티스〉를 변형한 리얼리티 경쟁 프로그램으로, 당시 부동산 개발업자이던 도널드 트럼프가 2008년부터 2015년까지 진행했다.

아니다.

장 보드리야르는 이런 관찰에서 한층 더 나아갔다. 오늘날의 대중매체 중심 문화에서 사람들은 매일의 지루한 '실재의 사막'[14]보다 디즈니랜드 같은 모조현실 또는 조작된 현실인 '과잉현실'을 선호하게 된다고 말했다.

호르헤 루이스 보르헤스, 윌리엄 깁슨, 스타니스와프 렘, 필립 K. 딕, 페데리코 펠리니 같은 예술가들은 비슷한 주제를 가지고 씨름했다. 이들은 현실과 가상, 실재와 이미지, 인간과 포스트휴먼 사이의 경계가 흐릿해지고 포개지고 심지어 무너지는 이야기를 지어냈다. 보르헤스는 「틀뢴, 우크바르, 오르비스 테르티우스」에서 "천문학자, 생물학자, 기술자, 형이상학자, 시인, 화학자, 수학자, 윤리학자, 화가, 기하학자로 구성된 비밀결사"[15]에 대해 이야기한다. 이 비밀결사는 틀뢴이라는 이름의 알려지지 않은 행성을 만들어낸다. 즉 그 지형, 건축물, 사고체계를 떠올린다. 그리고 틀뢴의 이런저런 것들이 현실 세계에 나타나기 시작한다. 여기저기서 틀뢴의 인공물과 틀뢴에 대한 서술이 나타나고, 1942년 무렵 그 속도가 빨라진다. 화자는 마침내 틀뢴에 대해 널리 가르치게 되어 자신이 어렸을 때 배운 역사는 지워지고 "허구의 과거"로 대체되었다고 말한다.

보르헤스는 인간 의식에 틀뢴을 서서히 주입하는 허구

★★ Mad Men. 〈매드맨〉은 2007년 첫 방송을 시작해 2015년 종영한 AMC 드라마로, 1960년대 시대상을 재현해 대단한 화제를 불러일으켰다. 매드맨은 뉴욕 맨해튼의 매디슨 애비뉴에 밀집한 대형 광고회사에 다니던 광고인을 일컫는다.

의 힘과, 모든 나라에 침투하는 거짓말에 기반을 둔 위험한 정치 이념이 갖는 힘 사이의 직접적인 유사성을 보여주었다. 이 둘 모두가 내적으로 일관된 서사를 제공하기에 세계를 이해하고 싶어하는 사람들을 매료시킨다고 보르헤스는 말했다. "현실은 여러 시점에서 굴복했다."[16] 보르헤스는 이렇게 썼다. "진실은, 현실이 굴복하고 싶어한다는 것이다. 10년 전에는 변증법적 유물론이든, 반유대주의든, 나치주의든 질서 있어 보이고 균형 잡힌 체계라면 무엇이든 충분히 사람들의 마음을 사로잡았다. 틀뢴에 매혹되어 이 질서 있는 행성에 대한 대단히 상세하고도 방대한 증거에 굴복하는 게 왜 안 될까? 현실도 질서 지어져 있다고 대답하는 건 쓸데없다. 그럴지는 모르지만, 그것은 신의 법칙(나는 이를 비인간적 법칙이라고 이해한다)에 부합해서 우리가 완전히 인식하지 못할 것이다. 틀뢴은 미로일 테지만 인간이 만들어낸 미로, 인간이 해독해야 할 미로다."

토머스 핀천의 소설은 비슷한 주제를 탐구한다. 이 주제는 정보 과부하에 시달리는 세계에서 그 어느 때보다 더 유의미하다. 핀천의 인물들은 일종의 정신적 현기증으로 휘청거리고, 모든 점들을 연결 지으며 악의에 찬 음모와 숨은 의도가 있다는 과대망상증 환자들의 말이 옳은 게 아닌가 생각한다. 또는 허무주의자들이 뭔가를, 즉 소음 속에 신호는 없고 오로지 혼돈과 우연성이 있을 뿐임을 알아낸 게 아닌가 생각한다. 핀천은 『중력의 무지개』에 이렇게 썼다. "과대망상증에 대해 위로가 되는 것(원한다면 종교적인 것)이 있다면, 서로 연관되는 건 아무것도 없다는, 과대망상증의 반대도 있다는 점이다. 우리 가운데 이런 상태를 오랫동안 견딜 수 있는 사람은 많지 않다."[17]

2016년 영국의 영화제작자 애덤 커티스는 〈과잉정상화〉(HyperNormalisation)라는 제목의 다큐멘터리를 제작했다. 표현주의적인 이 다큐멘터리는 몽타주를 중심으로 탈진실 시대의 삶에 대해 숙고한다.[18] 역시 보드리야르를 암시하는 듯한 제목은 인류학자 알렉세이 유르차크가 소비에트연합 말기의 삶을 묘사하고자 만든 용어를 가져다 썼다. 당시 사람들은 소련 정부가 수십 년 동안 선전하던 프로파간다의 모순을 알고도 무엇이든 대안을 떠올리는 데 어려움을 겪었다. 2016년 미국 대통령 선거 직전에 BBC 앱 아이플레이어 플랫폼에서 공개된 〈과잉정상화〉에서 내레이터를 맡은 커티스는 이렇게 말한다. 서구인들 역시 정치인들이 수년간 해온 이야기를 믿지 않게 되었고, 트럼프는 "이런 상태에서는 진실을 이용할 수 있"으며 그 과정에서 "기존 권력을 더욱 더 손상시켜 약화시킬 수 있"음을 깨달았다고 말이다.

　일부 극우 트럼프 협력자들 역시 자기 방식대로 현실을 재정의하고자 한다. 영화 〈매트릭스〉에서 주인공은 두 가지 알약 가운데 하나를 선택하게 된다. 현실 인식과 냉혹한 진실을 나타내는 빨간 약, 그리고 최면성 환영과 현실 부정을 나타내는 파란 약. 대안우파 일원들과 불만을 품은 일부 남성 인권 단체들은 〈매트릭스〉의 이런 도상을 언급하며 "일반 사람들에게 빨간 약을 먹이는 것"[19]에 대해 이야기한다. 이는 자신들의 대의를 위해 사람들을 개종시킨다는 뜻이다. 다시 말해 사람들에게 뒤집힌 대안현실을 납득시키는 것이다. 이 대안현실에서는 백인이 박해당하고, 다문화주의가 심각한 위협을 제기하며, 남성이 여성에게 억압당한다.

온라인 허위 정보에 관한 연구서[20]를 쓴 앨리스 마윅과 리베카 루이스는 이렇게 주장한다. "일단 집단이 한 쟁점과 관련해서 빨간 약을 먹게 되면, 다른 극단주의 이념을 순순히 받아들일 가능성이 높다. 비교적 비정치적인 온라인 문화가 인종주의로 격앙된 분노로 들끓기 시작하고 있다. 지극히 평범한 반페미니즘을 받아들인 일부 SF소설, 팬, 게임 커뮤니티가 백인 국가주의 이념을 지지하기 시작하고 있다. '아이러니한' 나치 도상과 멸칭이 진지한 반유대주의의 표현이 되고 있다."[21]

마윅과 루이스는 대안우파가 그들의 이념을 온라인에 퍼뜨리기 위해 이용한 한 가지 전술에 대해 논의한다. 처음에는 폭넓은 대중의 환심을 사려고 수용할 만한 생각으로 극단적 견해를 희석시킨다는 것이다. 일부 청년 집단이 단지 "정치적 올바름을 거부하는 것에서 그들 자신이 처한 문제의 책임을 여성, 이민자, 또는 이슬람교도에게 돌려 비난하는 것으로 건너뛰는 데는 놀라우리만치 얼마 걸리지 않는다"[22]고 두 사람은 쓰고 있다.

피자게이트* 같은 많은 가짜 뉴스[23]뿐 아니라 대부분의 여성혐오와 백인 우월주의 밈들은 포챈(4chan)과 레딧(Reddit) 같은 커뮤니티 사이트에서 비롯되거나 처음 탄력을 얻어 점점 입소문이 나면서 좀더 주류의 관심을 끌 수 있는 페이스북과 트위터로 건너간다. 러네이 디레스타는 웹에서의 음모론을 연구하는데, 레딧이 러시아 같은 외국 정부를 포함한 악당들에게 밈과 가짜 이야기가 얼마나 유인력이 있는지 시험하는 유용한 실험장이 될 수 있다고 주장한다.[24]

2016년 봄, 디레스타는 정확하거나 중요한 뉴스보다 인기 있고 유행하는 뉴스를 사람들에게 제공하는 사회관계망 서비스의 알고리즘이 음모론의 홍보를 거들고 있다고 경고했다. 이런 말초적인 콘텐츠가 사람들의 사고방식에 영향을 미치고 백신, 토지이용제한법, 수돗물 불소 첨가 같은 문제에 관한 공공 정책 논의에 스며들 수 있다. 소셜미디어상의 "열정의 비대칭성"[25]도 문제다. 사람들은 대부분 명백한 사실을 강조하려고 시간을 들여 게시글을 작성하지는 않는 반면, "9·11 사건은 미국 정부가 꾸민 것이라는 음모론을 열렬히 믿는 사람들과 열성 극단주의자들은 '팔랑귀들을 각성시키'고자 헌신적으로 엄청난 양의 콘텐츠를 만들어낸다"고 디레스타는 말한다.

음모론자들이 서로 연결되도록 추천 엔진이 거들고 있

★ Pizzagate. 2016년 10월 무렵 민주당 후보인 힐러리 클린턴과 민주당 고위 관계자들이 아동 성착취 조직에 관련되어 있고, 그 장소는 워싱턴 디시에 있는 피자가게인 카밋핑퐁이라는 가짜 뉴스에서 시작된 사건이다.

다고 디레스타는 덧붙인다. 그래서 "우리는 오래전에 단순히 편파적인 필터버블을 지나, 우리 자신의 현실을 경험하고 우리 자신의 사실로 움직이는 저장탑에 고립된 커뮤니티의 영역으로 넘어가"고 있다고 할 수 있을 정도라 말한다. 이런 시점에서 "인터넷은 더 이상 단지 현실을 반영하는 게 아니라 현실을 만들어낸다"고 디레스타는 결론짓는다.

언어의 포섭

5

언어가 분명치 않으면, 진실의 기준이란 있을 수 없다.[1]
— 존 르 카레

언어는 인간을 위한 것이고 물은 물고기를 위한 것이다. 언젠가 작가 제임스 캐럴은 이렇게 말했다. "우리는 언어 안에서 헤엄친다. 언어로 생각한다. 우리는 언어 안에서 살고 있다."[2] 오웰이 "정치 혼란은 언어의 부패와 관계가 있다"[3]고 쓴 것은 이런 이유에서다. 정치 혼란은 말을 의미로부터 분리시키고 정치 지도자의 진짜 목적과 공표한 목적 사이에 틈을 벌려놓는다. 트럼프 백악관이 발표하는 거짓말과 트럼프 대통령이 불신과 불화를 퍼뜨리는 도구로서 이용하는 언어에, 미국과 세계가 갈피를 잡지 못하는 건 이런 이유에서다. 역사상 존재했던 권위주의 정권들이 사람들의 소통방식만이 아니라 사고방식 또한 통제하려는 노력에서 일상의 언어를 포섭한 것도 이런 이유에서다. 이것이 바로 오웰의 『1984년』에 나오는 진실부(Ministry of Truth)가 외부 현실의 존재를

부정하고 빅브라더의 무오류성을 옹호하기 위해 이용한 방식이다.[4]

오웰의 '뉴스피크'*는 허구의 언어이지만, 자주 소비에트연방과 동유럽의 공산정권이 이용한 '나무 언어'**를 반영하고 풍자한다. 프랑스 학자 프랑수아즈 톰이 1987년에 쓴 논문 「나무의 언어」[5]에서 밝힌 이 언어의 특징[6]은 추상적이고 구체성을 회피하며, 동어반복하고("마르크스의 이론은 정확하기 때문에 진실하다"), 야비한 비유를 사용하며("파시스트 문어가 백조의 노래를 불렀다"), 마니교처럼 세상을 선과 악으로 이분한다(그 중간은 없다)는 것이다.

마오쩌둥의 공산당 역시 1949년 중국에서 정권을 잡은 직후에 언어공학 계획을 채택해 새로운 정치 어휘를 만들어냈다.[7] 어떤 단어들은 금지되었고, 또 어떤 단어들은 새로운 의미가 더해졌다. 공산당 구호가 지속적인 반복을 통해 사람들의 뇌에 철저히 주입되었다. 사람들은 작업보고서를 내놓건 자아비판을 요구받아 참여하건 '올바른' 말하기 방식과 '올바르지 않은' 말하기 방식이 있음을 알아야 했다.

전체주의가 어떻게 일상의 언어에 영향을 미치는지 역사상 가장 상세히 설명한 이들 가운데 한 사람이 독일계 유대인 언어학자로 2차 세계대전 당시 드레스덴에서 살아남은 빅터 클렘퍼러였다.[8] 클렘퍼러는 나치 독일 하에서의 생활을 연대순으로 기록했다는 점에서 주목할 만한 일기인 『나는

★ Newspeak. 『1984년』에서 정부 관리들이 여론과 국민의 사고를 조작하기 위해 사용하는 새로운 언어다.
★★ wooden language. 1970년대와 80년대에 프랑스에서 널리 쓰인 표현으로, 진실을 감추기 위해 의도적으로 하는 거짓말을 뜻한다.

증언할 것이다』를 썼다. 또 나치가 어떻게 "소량의 비소"[9]와 도 같은 말들을 이용해 독일 문화를 내부로부터 중독시켜 와 해시켰는지에 대한 연구서인 『제3제국의 언어』를 썼다. 이 책은 제3제국이 어떻게 "사람들의 살과 피에 스며들었"는지 에 대한 참혹한 사례 연구서다. 그것은 다름 아니라 "수없이 반복하도록 강요받아 기계적이고 무의식적으로 받아들이게 된" 관용구와 구문을 통해서였다. 이 책은 또 다른 나라들과 미래 세대에게 오웰의 『1984년』 못지않게 소름 끼치는 경고 를 보낸다. 독재자가 얼마나 신속하고 교활하게 언어를 무기 화해서 비판적 사고를 억압하고 편견에 뿌리를 둔 증오에 불 을 붙여 민주주의를 장악할 수 있는지 말이다.

클렘퍼러는 히틀러가 연설가로서 베니토 무솔리니에 비 할 바가 못 된다고 생각했다.[10] 이 나치 지도자가 짜증스러운 목소리와 고함을 질러대는 성향을 가진 데다 분노로 가득 찬 불안정한 사람이라고 보았기에, 이렇게 추종자들을 불러모 았다는 사실에 놀라워했다. 클렘퍼러는 히틀러의 성공이 그 극악무도한 이념보다는 다른 정치인들을 우회해서 곧바로 국민에게 접근한 수완 덕분이라고 보았다. 히틀러는 '국 민'(Volk)이라는 말을 수시로 언급하며, 자신을 그들의 목소 리, 그들의 구세주로 묘사했다. 히틀러와 파울 요제프 괴벨 스가 연출한 거창한 구경거리, 다시 말해 효과적으로 연출된 유사사건이 한몫 도왔다. "장관을 이루는 현수막, 가두행진, 화환, 팡파르, 합창"에 둘러싸인 히틀러의 연설이 이 독재자

(führer)와 위대한 독일 국가를 일체화하는 효과적인 "광고 전략" 역할을 했다고 클렘퍼러는 말한다.

소비에트연방과 마오쩌둥의 중국에서처럼, 나치 독일에서 언어는 불길한 변형을 겪었다. '광신적'(fanatisch)이라는 말은 원래 강한 충동 및 잔인함과 연관된 "위협적이고 혐오스러운 자질"[11]을 나타내는 말이었다. 하지만 이제 제3제국에 연료를 공급하는 데 필요한 자질인 헌신과 용기를 떠올리게 하며 "극도로 찬사를 보낼 때 쓰는 형용사"가 되었다고 클렘퍼러는 썼다. '공격적, 적대적'(kampferisch)이라는 단어 역시 "방어나 공격을 통한" 훌륭한 "자기주장"을 의미하는 찬사의 말이 되었다. 반면 '체제'(system)라는 단어는 바이마르공화국과 연관되었기 때문에 경멸을 받았다. 나치는 오늘날 미국 우파 공화당 지지자들이 그림자정부를 경멸하는 것과 아주 비슷한 식으로 바이마르공화국을 경멸했다.

1925년 히틀러의 『나의 투쟁』이 출간되었다. 이 책이 나치의 수사술과 문체의 "본질적 특징을 말 그대로 결정지었다"[12]고 클렘퍼러는 지적한다. 1933년 이 "패거리의 언어가 독일 국민의 언어가 되었다." 극보수주의의 은어, 즉 동조자임을 확인하기 위해 암호화한 언어, 인종차별적·여성혐오적 언어가 완전히 주류가 되어 일반적인 정치와 사회 담론으로 들어온 것처럼 말이다.

클렘퍼러는 수치(數値)와 최고를 향한 나치의 강박관념, 모든 것이 최고이거나 최대여야 한다는 강박관념에 대해 하나의 장 전체를 할애해 썼다. 만약 제3제국 시대 독일인이 코끼리 사냥을 나간다면 "지구상 최고의 무기로 세상에서 가장 큰 코끼리를 상상할 수도 없이 많이 죽였"[13]다고 자랑해야 했을 것이라고 클렘퍼러는 썼다. 나치가 적군의 사망자 수, 전쟁포로 수, 나치 집회에 관한 라디오 방송의 청취자 수와 관련해 내놓은 많은 수치는 대단히 과장되어서 "동화의 성격"을 띠었다. 1942년 클렘퍼러는 이렇게 썼다. "히틀러가 독일의회에서, 나폴레옹은 영하 25도의 러시아에서 싸웠지만 히틀러 부대장 자신은 영하 45도, 심지어 영하 52도에서 싸웠다고 말한다." 클렘퍼러는 계속해서 온갖 거짓말과 과장이 결국 "무의미하고 전혀 효과가 없게 되어 마침내는 그것이 의도한 바의 정반대를 믿게 만"드는 지경에 이르렀다고 썼다.

트럼프가 거짓말하는 버릇이 극심해 언론사들은 사실 확인 전담팀을 채용할 뿐 아니라, 트럼프가 한 거짓말, 모욕, 규범 위반 사항을 모은 긴 목록에 의지했다. 게다가 트럼프의 파렴치함에 대담해진 주변 정치인들이 그 어느 때보다 훨씬 더 뻔뻔하게 거짓말을 하게 되었다. 예를 들어 공화당 의원들은 자신들의 조세법안이 재정적자와 사회안전망 제공에 미칠 영향에 대해 노골적인 거짓말을 했다. 마찬가지로, 사실은 기업과 부자들의 세금을 감면해주는 것일 뿐인데도, 그게 중산층에 얼마나 도움이 되는지 거짓말을 했다.

언어에 대한 트럼프의 공격은 거짓말을 쏟아내는 데 국한되지 않는다. 법질서의 본질을 이루는 언어와 원칙을 가져다 개인적 의제와 정파성으로 오염시키는 것까지 확대된다. 그러면서 민주주의의 언어와 이상을 독재정치의 언어로 바꿔놓았다. 트럼프는 미국 헌법에 대한 충성이 아니라 자신에 대한 충성을 요구한다. 게다가 국회와 사법부 일원들이 미국 국민의 이익에 최선이라고 생각하는 것과 무관하게 트럼프 자신의 정책과 소망에 갈채를 보내주길 기대한다.

달리 말하면, 트럼프는 언어를 실제와 정반대되는 의미로 사용해 혼란을 일으키는 오웰류의 요술을 부린다. "전쟁은 평화다", "자유는 노예상태다", "무지는 힘이다" 같은 식이다.[14] '가짜 뉴스'라는 말을 가져와 뒤집어 이용해서 자신에게 위협이 되거나 호의적이지 않다고 보는 언론의 평판을 떨어뜨리려 할뿐더러, 러시아의 미국 대통령 선거 개입 조사가 "미국 정치 역사상 최대의 마녀사냥"[15]이라고도 했다. 정작 트럼프 본인이 언론, 사법부, FBI, 정보부서 등 자신을 적대한다고 여겨지면 어떤 기관이든 수차례 공격해왔는데도 말이다.

실로, 트럼프는 자신이 저지른 잘못에 대해 상대방을 비난하는 삐딱한 습관이 있다.[16] "거짓말쟁이 테드",* "부정직한 힐러리", "미친 버니" 등이 그렇다. 그는 힐러리 클린턴이 "유색인종을 더 나은 미래를 가질 자격이 있는 인간이 아니

---

* 2016년 미국 대통령 선거 당시 공화당 대선 후보로서 트럼프의 대항마로 급부상한 텍사스주 상원의원 테드 크루즈는 멜라니아 트럼프가 모델 시절 찍은 도발적 사진을 유타주 온라인 선거광고에 사용했고, 트럼프는 "거짓말쟁이 크루즈는 조심하라"고 경고했다.

라 유권자로만 보는 편견 많은 사람"이라고 비난했다. 게다가 "러시아인들과 민주당 사이에는 엄청난 결탁이 있다"고 주장했다.

오웰의 『1984년』에 나오는 뉴스피크라는 언어에서 '흑백' 같은 말은 "두 가지 서로 모순되는 의미"[17]를 갖는다. "적에게 사용할 때는 분명한 사실과 모순되게 검은 것을 희다고 뻔뻔하게 주장하는 버릇을 의미한다. 당원에게 사용할 때는 당의 규율이 요구하면 검은 것을 희다고 기꺼이 말하는 충성심을 의미한다."

불안하게도, 이것이 트럼프 백악관의 공무원과 공화당 의원들의 행동에서도 그대로 되풀이되고 있다. 이들은 트럼프 대통령을 위해 거짓말을 하고 사람들의 눈앞에 있는 증거를 무시하는 발언을 일상다반사로 한다. 실제로 트럼프 행정부가 첫선을 보이는 자리에서 백악관 공보비서 숀 스파이서는 트럼프 대통령 취임식에 몰려든 군중이 일찍이 "가장 큰 규모"[18]였다고 주장했는데, 이는 사진 증거에 반하는 것이었다. 폴리티팩트*는 이에 대해 "바지가 불에 탈"** 거짓말이라고 평했다.

이런 거짓말은 블라디미르 푸틴의 거짓말과 동일한 이유에서 나온다고 언론인 마샤 게센은 지적했다. 즉 "진실 자체에 대해 지배력을 행사하려는 것"이다. 게센은 2016년 말

★ Politifact. 정치인들의 발언 및 공약을 사실 확인해서 얼마나 진실을 이야기하고 있는지 점수를 매기는 사이트로, 2009년에 퓰리처상을 받았다.
★★ "거짓말쟁이, 거짓말쟁이, 바지가 불탈 거야"(Liar, Liar, Pants On Fire)에서 나온 말로, 거짓말을 하고 있는 상대가 혼쭐이 날 것이라는 뜻으로 아이들이 쓰는 표현이다.

우크라이나에 관해 이렇게 썼다. "푸틴은 그 반대를 말해주는 분명하고 확실한 증거 앞에서도 거짓말을 고집했다. 각 경우마다 이후에 태도를 바꿔 사실을 말했는데 이는 강압에 못 이겨 인정한 게 아니었다. 푸틴은 당당히 인정했고, 심지어 자기가 편리한 때에 자랑스레 동의했다. 이 모든 게, 푸틴의 권력이 그가 원하는 것을, 원할 때, 사실에 상관없이 말할 수 있다는 데 놓여 있다는 메시지를 전달했다. 푸틴은 자국의 대통령이자 진실(reality)의 왕이다."[19]

『1984년』에서 당과 빅브라더가 진실에 대해 지배력을 행사하는 또 다른 방법은 자신들의 세계관에 맞춰 과거를 수정하는 것이다. "당의 예측이 언제나 옳음을 보여주기 위해 온갖 진술, 통계, 기록을 끊임없이 합치시켜야 한다는 데 그치지 않는다. 원칙이나 정치적 동맹에서의 변화를 인정해서도 안 된다. 생각 또는 심지어 방침을 바꾸는 건 나약함을 고백하는 것이기 때문이다. 예를 들어 오늘날 유라시아나 이스트아시아*(그 어디든 될 수 있다)가 적이라면, 언제나 그 나라는 적이어야 한다. 그리고 만약 사실이 다른 것을 말하면 그 사실이 바뀌어야 한다. 그래서 역사는 끊임없이 다시 쓰인다."[20]

트럼프가 취임하고 며칠 지나지 않아 백악관 웹사이트의 기후변화 페이지가 바뀐 일을 생각해보라.[21] 그 사이에 환경운동가들은 정부의 기후 자료를 다운로드해 보관하려고 안간힘을 썼다. 적대적인 행정부가 그 자료를 없애거나 분실

★『1984』에서 세계는 오세아니아, 유라시아, 이스트아시아라는 세 개의
초거대국으로 나뉘어 있다.

하거나 감춰버릴지 모른다고 염려한 까닭이다. 이들의 염려는 2017년 미국 환경보호청이 "환경보호청의 새로운 방향을 반영해 웹사이트가 바뀔 것"이라고 알리면서 일부 현실이 되었다.[22] 이 변화에는 오웰의 표현을 빌리자면 "새로운 지도부의 접근법을 반영하기 위해 언어를 새롭게 하는 것"이 포함되었다.

미국 에너지부가 관리하는 교육 페이지에서, 재생가능 에너지에 대한 구절은 화석 연료의 이용을 지지하는 것으로 바뀌었다. 그리고 오바마 행정부의 2013년 기후 보고서와 기후변화 관련 유엔 회의에 대한 참조 글의 링크는 에너지부 페이지에서 사라졌다.

미국 농무부 직원들은 소셜미디어에 글을 올리려면 관리자의 검토를 받아 "이전 행정부의 정책 방향과 계획에 대한 언급을 빼"야 한다는 통보를 받았다.[23] 국립공원관리공단이 트럼프 대통령의 취임식과 오바마 대통령의 취임식에 모인 군중의 규모를 비교하는 항공사진을 담은 게시물을 리트윗한 후, 이 정부기관의 디지털팀은 트위터 이용을 일시 중단하라는 주의를 들었다. 그 리트윗한 글은 곧 삭제되었다.

동시에, 트럼프는 영어에 대해 개인적인 공격을 계속했다. 앞뒤가 맞지 않는 말(꼬인 문법, 번복, 불성실, 부정직, 선동적인 호언장담)은 트럼프가 만들어내고 즐기는 혼란을 상징하는 것이면서, 그의 거짓말쟁이 도구상자에서 극히 중요한 도구다. 트럼프의 인터뷰, 대본 없는 연설, 트위터 메시지는 모욕, 감탄사, 자랑, 여담, 불합리한 추론, 수정, 경고, 빈정거림이 놀랍도록 뒤범벅되어 있다. 이는 위협을 가하고 가스라이팅*하며 사람들을 양분시키고 희생양을 만들려는 불량배나 할 일이다.

NBC 언론 대담 프로그램 〈언론과의 만남〉 앵커인 척 토드는 트럼프가 대통령 후보로 몇 차례 출연한 후 의자에 기대앉아 조정실에다 자신이 나오는 부분을 모니터로 '소리 없이' 재생해달라고 요청했다고 말했다. "트럼프는 어떻게 보이는지 알고 싶어한다. 그는 모든 걸 음성을 소거한 상태로 볼 것이다."[24]

트럼프는 철자법에도 마찬가지로 무관심하다.[25] 트위터 메시지에 쓴 '코브피피'(covfefe)가 유명하다. "계속되는 부정적 코브피피에도 불구하고."** 또 미국 해군의 드론을 중국이 압수한 일을 두고 "전레(례)가 없는 짓"이라고 말했다. "여러분의 45대 미국 대통령으로서 위대한 미국 국민 여러분에게 봉사하게 되어 영강(광)으로 생각"한다고 트위터에 쓰기도 했다. 물론 트위터에서 오자는 흔하다. 이것이 트럼

★ gaslighting. 다른 사람의 심리나 상황을 교묘하게 조작해 그 사람이 스스로를 의심하게 만듦으로써 그 사람에 대한 지배력을 강화하는 행위로, 연극 〈가스등〉에서 유래했다.

** 트럼프는 2017년 6월 31일 새벽에 '코브피피'라는 수수께끼 같은 단어가 담긴 트윗을 올렸는데, 이 트윗은 삭제 전까지 12만 7000번 넘게 리트윗되고 16만 2000여 명이 '마음에 들어요'를 눌렀다. 미국 CNN은 "러시아 스캔들로 탄핵 위협까지 받으며 미국 언론의 보도를 '가짜 뉴스'라고 비난하는 트럼프가 언론의 보도를 뜻하는 'coverage'를 잘못 썼을 것"이라고 추정했다. 트럼프는 이 글을 삭제하고 잠시 후에 "누가 'covfefe'의 진짜 뜻을 알 수 있겠어? 즐겨라!"라는 글을 올렸다.

프의 트위터 강박에서 가장 놀라운 면도 아니다. 하지만 충동적이고, 순간을 즐기며, 예기치 않은 결과에 대해 생각하지 못하는 트럼프의 태도를 보여주는 것이다. 게다가 트럼프의 오자는 전염된다. 백악관은 대통령의 이스라엘 순방을 발표하면서 대통령의 목적 가운데 하나는 "지속적인 평하(화) 가능성을 촉진하"는 것이라고 했다. 다른 백악관 발표는 트럼프 대통령의 러시아 대사로 지명된 존 헌츠먼 주니어의 이름을 잘못 썼고, 영국 수상 테리사 메이의 이름도 잘못 썼다. 공식 취임식 포스터에는 이렇게 쓰여 있었다. "너무 큰 꿈은 없고 너모(무) 큰 도전도 없다." 게다가 트럼프의 첫 국정연설 입장권에는 "군(국)정에 관한 국회 연설"이라고 쓰여 있어서 다시 인쇄해야 했다. 이는 어쩌면 해 될 것 없는 사소한 문제이지만, 트럼프 행정부의 더 큰 부주의와 기능장애를 드러낸다. 이런 무심함은 정확성, 세부 사항, 엄밀성을 무시하는 것이다.

트럼프의 트위터 메시지는 미국 대통령의 공식 선언으로 여겨진다.[26] 그래서 분명 언젠가 인쇄되고 정교히 묶여서 흰 장갑을 낀 누군가에 의해 황금색 셸락바니시가 칠해진 대통령 도서관에 보관될 것이다. 러시아의 미국 대통령 선거 개입 조사로부터 주의를 돌리기 위한 것이건, 관심을 갈구하는 나르시시스트가 의식의 흐름에 따라 떠벌리는 말이건, 아니면 사람들을 괴짜에게 순응시키기 위한 의도적인 전략이건, 트럼프의 트위터 메시지는 전 세계에 즉각 영향을 미친다. 북한과의 핵 긴장을 가속화하고, 모든 나라와 대륙이 멀어지게 만들며, 2차 세계대전 이후의 세계질서를 불안하게 만든다. 극우단체인 브리튼 퍼스트가 내놓은 반이슬람교 동영상을 리트윗한 트럼프의 글은 테리사 메이 영국 총리로부터 날카로운 질책을 받았다. 트럼프는 이 리트윗으로 지금까지 주변부에 머물던 혐오집단이 주류에 들도록 거들었다.

트럼프가 '가짜 뉴스'라고 언론을 비판하면서, 이미 기자들이 협박을 받고 있는 러시아, 중국, 터키, 헝가리 같은 나라들에서 언론의 자유를 한층 더 강력하게 탄압할 수 있게 되었다.[27] 권위주의 정권의 지도자들은 이를 자국에서 벌어지는 인권 침해와 전쟁 범죄 보도를 묵살해도 좋다는 허가로 받아들이고 있다. 국제앰네스티가 2011년과 2015년 사이에 시리아의 수도 다마스쿠스 외곽의 군 교도소에서 1만 3,000명에 달하는 재소자들이 살해되었다고 보고하자 시리아 대통령 바샤르 알아사드는 "요즘에는 뭐든 위조할 수가 있다", "우리는 가짜 뉴스 시대에 살고 있다"고 말했다. 또 오랫동안 박해받아온 이슬람교도 소수민족인 로힝야족에 대해 군대가 소름 끼치는 인종청소를 벌이고 있는 미얀마에서, 국가안전부 소속인 한 공무원은 "로힝야족 같은 건 없다. 그건 가짜 뉴스다"라고 선언했다.

역사와 이탈리아를 연구하는 뉴욕대 교수 루스 벤-기아트는 트럼프와 무솔리니의 출현 사이에 존재하는 유사점을 비교했다. 독재자는 전형적으로 "국민, 언론, 정치계급이 어니까지 용인하는지 그 한계"[28]를 시험하며, 트럼프의 자극적인 트위터 메시지와 발언은 "미국인들과 공화당이 어느 정도까지 그냥 넘어가줄 것인지, 그리고 언제 '이제 그만'이라고 말할 것인지 알아내려는" 노력이라고 벤-기아트는 주장한다.

이탈리아 학자 움베르토 에코가 1995년에 쓴 무솔리니와 '초기 파시즘'에 대한 글도 돌이켜 읽어보면, 트럼프의 언어와 독재자의 수사법에 관한 실마리를 던져준다. 에코가 파시즘에 고유하다고 한 특징 가운데 많은 것이 불길하게도 트럼프의 대중 선동을 떠올리게 한다. 국가주의와 "자신과 다른 것에 대한" 사람들의 "공포심"에 호소하고, 과학과 합리적 담론을 거부하며, 전통과 과거를 불러내고, 이견을 배신과 동일시하는 성향 등이 그렇다.

에코는 좀더 구체적으로 "무솔리니는 어떤 철학도 없었고, 단지 수사술만 있었을 뿐"[29]이라고 썼다. 초기 파시즘은 "애매한 전체주의, 즉 다양한 철학과 정치사상의 콜라주, 모순이 우글거리는 벌집"이었다. 초기 파시즘은 "복잡하고 비판적인 추론의 도구를 제한하기 위해" "빈약한 어휘와 초보적인 문법"을 사용했다고 에코는 덧붙였다. 게다가 초기 파시즘은 "인민"을 시민이나 개인이 아니라 "공통 의지를 표현하는 획일적인 전체"로 여기고, 파시스트 지도자는 이 공통 의지를 해석하는 척한다. 그 지도자는 의회나 입법기관 대신 자신을 "국민의 목소리"로 내세운다. 이런 말이 묘하게 익숙하다면, 트럼프가 공화당 전당대회 연설에서 청중에게 한 말 때문이다. "나는 여러분, 미국 국민과 함께합니다. 나는 여러분의 목소리입니다."[30]

필터, 저장탑, 부족

6

우리는 모두 오해의 바다 저편에 있는 서로에게
거짓말을 외쳐대는 섬이다.[1]
— 러디어드 키플링, 1890

극작가이자 열렬한 진보주의자인 아서 밀러는 2004년 미국
대통령 선거 직전 "내가 아는 사람 가운데 부시 지지자는 하
나도 없는데 여론조사 결과가 어떻게 막상막하일 수 있지?"[2]
라고 의아해했다.

　물론 그때 이후 우리의 정치적 저장탑의 벽은 더 높아지
기만 하고, 반향실*의 방음벽은 훨씬 더 두꺼워지고 있다. 우
리는 페이스북 뉴스피드와 구글 검색 데이터가 만들어내는
불투과성의 필터버블 안에 봉쇄되기 이전에도 정치, 문화,
지리, 생활방식 면에서 갈수록 분리되는 커뮤니티 안에 살고
있었다. 폭스 뉴스, 브라이트바트, 드러지(Drudge) 같은 편
파적 뉴스 매체 외에 라쇼몽 효과가 강력해진 건 놀라운 일
이 아니다. 서로 대립하는 정당을 지지하는 시민들 사이에

★ echo chamber. 방송에서 연출상 필요한 울림 효과를 만들어내는 방
으로, 반대편 사람들의 이야기에는 귀를 닫은 채 같은 성향의 사람들끼
리만 의견을 주고받으면서 점점 고립되고 특정 성향이 강화되는 현상을
가리킨다.

공통점이 급속히 줄어들고, 동의라는 생각 자체가 과거의 것이 되고 있다.

2016년 퓨연구센터의 한 조사에 따르면, 공화당 지지자 45퍼센트가 민주당의 정책이 미국의 안녕에 위협이 된다고 보고, 민주당 지지자 41퍼센트가 마찬가지로 공화당의 정책이 그렇다고 본다.[3] 게다가 이들 사이의 적대감은 정책 차이를 넘어서는 개인적인 것이다. 퓨연구센터의 조사에서 민주당 지지자 70퍼센트가 공화당 지지자는 다른 미국인들보다 더 편협하다고 말했다. 반면 공화당 지지자 47퍼센트가 민주당 지지자는 다른 미국인들보다 더 부도덕하다고, 46퍼센트가 더 게으르다고 말했다.

가짜 뉴스와 가짜 소셜미디어 계정을 통해 사회 분열을 증폭시켜 미국의 민주주의를 약화시키려는 러시아의 트롤들, 그리고 자신의 지지 기반에 영합하고 적의 화를 돋우려 선동적 발언을 이용하는 트럼프 대통령에 의해, 이런 당파성은 한층 더 부풀려지고 있다. 미국의 옛 모토인 '여럿으로 이루어진 하나'가 트럼프의 대통령 기념주화에서 없어지고 트럼프 자신의 선거운동 구호인 '미국을 다시 위대하게 만들자'로 대체된 것이 이를 효과적으로 보여준다.[4]

빌 비숍의 책 『대분류』에 따르면, 이렇게 미국이 점점 분열되기 시작한 건 20년밖에 되지 않았다.[5] 1950년대, 60년대, 70년대에는 사회가 정치적으로 더욱 통합돼가는 것 같았고, 선벨트* 지역의 번영이 미국 남부로 확산되면서 "경

★ Sunbelt. 미국 남부의 노스캐롤라이나주에서 캘리포니아주에 이르는, 북위 약 37도 이남의 따뜻한 지역을 말한다.

제적으로도 수렴되고 있었다"고 비숍은 썼다. 하지만 1980년 무렵 무슨 일인가가 일어났다고 비숍은 말한다. 사람들이 "가치관, 취향, 신념"을 중심으로 삶을 재편하기 시작한 것이다. 이는 부분적으로, 1960년대에 뒤이은 사회적·문화적 탈구에 대한 반응이었다. 대학 학위를 가진 사람들은 도시로 가는 반면, 농촌 지역은 경제적으로 뒤처지게 되었다.

"전통석인 제도가 신뢰를 잃으면서, 사람들의 소속 욕구를 충족시키기에 직장의 빈약한 유대관계는 불충분했다."[6] 사람들은 이에 대응해 생각이 비슷한 이웃, 교회, 사교모임 등 다른 단체를 찾아냄으로써 공동체의식을 되찾았다. 이런 역학관계는 인터넷에 의해, 다시 말해 특정한 이념의 관점에 영합하는 뉴스 사이트, 특정 관심사를 가진 사람들이 모이는 게시판, 관심사를 공유하는 편파적 저장탑 안으로 사람들을 한층 더 분류해 넣는 소셜미디어에 의해 빛의 속도로 증폭될 터였다. 밀레니엄 전환기에 이런 분열은 이념보다는 취향과 가치관에 대한 것이었으나 "정당이 삶의 방식을 대변하게 되고 삶의 방식이 공동체를 규정하게 되면서 모든 게 공화당 지지자 또는 민주당 지지자로 나눌 수 있는 듯이 보인다"[7]고 비숍은 썼다. 모든 것이란 의료보험이나 투표권이나 지구 온난화에 대한 견해만이 아니라 쇼핑하는 곳, 먹는 것, 보는 영화의 종류를 또한 의미한다. 2017년 퓨연구센터의 한 조사[8]는 미국인들이 대학 교육의 가치에 대해서조차 의견이 일치하지 않음을 보여주었다. 민주당 지지자 72퍼센트와 민주당 성향의 무당층이 대학이 미국에 긍정적인 영향을 미친다고 응답한 반면, 공화당 지지자 대다수와 공화당 성향의 무당층(58퍼센트)은 고등 교육기관에 대해 부정적 견해를 가지고 있다.

한편 무당층이나 부동층인 중도층은 점점 적어져 영향력 또는 적어도 정치인들로부터 받는 관심이 줄어들었다. 정치 전문 기자인 로널드 브라운스타인은 『제2의 남북전쟁』에서 조지 워커 부시의 정치 고문들이 어떻게 2000년 선거운동 자료를 검토해서 2004년 지지 기반을 활성화하고 공화당 지지자들의 투표 참여를 독려하는 데 중점을 두기로 결정했는지에 대해 썼다. 이는 나중에 트럼프가 맹렬히 추구하게 되는 지지 기반 영합 전략의 전조를 보여준다. 부시의 한 고문은 브라운스타인에게 이렇게 말했다. "이것은 55퍼센트의 대통령이 되기 위한 게 아닙니다. 50+1개 주*와 의회를 장악하는 동시에 우리가 가진 신념을 가능한 많이 법문화하는 대통령이 되기 위한 것입니다."[9] 2016년 힐러리 클린턴의 선거운동[10]은 기본적으로 백인 노동자계층의 표(남편 빌 클린턴이 가졌던 표)를 단념하고, 대신에 힐러리 클린턴의 지지 기반을 만들어내는 데 집중했다.

수년 동안 이념 성향의 일관성은 높아졌다. 2014년 퓨연구센터의 한 조사[11]에 따르면, 1994년 이후 20년 동안 많은 민주당 지지자가 이민, 환경, 정부의 역할 같은 문제에 관한 정책 질문에 "한결같이 진보적인 응답"을 한 반면, 많은 공

★50개 주에 특별행정구역인 워싱턴 DC를 합친 것이다.   [100]

화당 지지자는 "한결같이 보수적인 응답"을 내놨다. 가장 일관된 견해를 가진 양당의 일원들이 "정치 과정에 불균형하게 큰 영향력"을 갖는다고 퓨연구센터는 지적했다. 이들은 투표와 기부를 할 가능성, 선출직 공무원들과 접촉할 가능성이 더 컸다. 그리고 게리맨더링*이 있다.[12] 공화당이 2008년 오바마 당선 후 하원의원 선거구를 정하거나 변경하는 일을 책임지는 주 정부들을 장악하기 위해 결연한 노력을 시작한 이래, 선거구가 공화당에 유리해졌다. 컴퓨터 소프트웨어의 도움을 받아 그려진, 대개 아주 기형적인 형태의 새 선거구는 공화당이 하원을 장악해 계속 유지하기에 상당히 유리했다. 또 지역들이 공화당으로 한층 더 기울어지게 하는 경향이 있었다. 이는 많은 선출직 공무원들이 공화당 편에서 예비선거를 치르게 될지 모른다는 두려움 때문에 워싱턴에 갔을 때 민주당과 타협하기를 꺼리게 만들었다.

이런 많은 헌신적인 열혈 지지자들에게, 자기 당을 지지하는 것은 가장 좋아하는 미국 프로농구팀 또는 메이저리그 야구팀 또는 프로 미식축구팀의 광적이고 완고한 팬이 되는 것과 비슷했다. 그것은 자신의 정체성을 이루는 한 부분이었고, 자기 팀이 잘못할 리는 없었다. 이들은 특정 정책이나 특정 후보자를 싫어할지도 모른다. 안 좋은 경기 결과에 대해 자기 팀의 코치를 비난하거나, 트레이드되어 지나치게 많은 보수를 받지만 기대만큼 잘하지 못하는 선수를 싫어하는 것과 비슷하게 말이다. 하지만 세상의 종말이 오지 않는 한, 이

---

* gerrymandering. 특정 정당이나 후보에게 유리하도록 자의적으로 선거구를 확정하는 것을 말한다.

들은 열혈 팬으로 남아 있으면서 적에게 고통과 굴욕이 있기를 바랄 것이다.

의회 투표 결과의 양극화는 이런 상황 전개를 잘 보여주었다. 2014년 퓨연구센터의 한 보고서는 미국 연방 의회의 공화당원과 민주당원은 "현대 역사상 그 어느 때보다도 더 서로 멀어"[13]졌다고 지적했다. 또 "공화당 지지자들의 우경화로 양당 사이의 간극이 크게 벌어지면서" 선출직 공무원들 사이의 양극화가 "비대칭적으로" 심해지고 있다고 강조했다.

이런 비대칭의 주된 이유는 우파 매체의 폭발적 증가였다. 1990년대로 거슬러 올라가, 러시 림보는 선동적 독설과 쇼맨십(도널드 트럼프는 그로부터 이 두 가지를 배우게 된다)으로 수익성 좋은 전국 청취자를 얻을 수 있음을 보여주었다. 그래서 러시 림보가 하는 말이라면 무조건 믿는 사람들은 수십 년 동안 심지어 터무니없어도 그의 말은 무엇이든 앵무새처럼 따라했다. 림보는 언젠가 혹평을 하며 "기만의 네 모퉁이는 정부, 학계, 과학, 그리고 대중매체"[14]라고 주장했다. 또 "과학자들은 흰색 실험실 가운을 입어서 정말로 공인된 것처럼 보"이지만 "그 사람들은 사기꾼이다. 그들은 좌파에 매수되어 대가를 받는다"고 말했다.

1949년 미국 연방통신위원회는 공평성 원칙(Fairness Doctrine)을 내세워, 텔레비전과 라디오 방송국이 당대의 주요 사안을 다루는 프로그램을 편성하고 그 사안에 대해 서

로 대립하는 견해들을 공평하게 방송하도록 요구했다.[15]
1987년 이 원칙이 폐지되고 30년 동안, 그리고 로저 에일스
와 루퍼트 머독이 폭스 뉴스를 시작한 이래 20년 동안, 우파
매체가 제멋대로 뻗어나가는 유아독존적 방송망으로 성장해
이민의 위험성, 신뢰할 수 없는 주류 매체, 큰 정부의 해악
등 우파의 수사를 집요하게 반복하고 있다. 더욱이 대단한
뻔뻔함과 소음 수준으로 전 국민적 논의에서 일어나는 많은
논쟁을 날조하는 데 성공하고 있다. 스티브 배넌이 "대안우
파를 위한 플랫폼"이라고 말한 브라이트바트 뉴스, 그리고
지역 뉴스 방송을 통해 38퍼센트에 해당하는 미국 가정을
찾아가는 것으로 추산되는 싱클레어 방송그룹이 수많은 온
라인 사이트, 유튜브 채널, 라디오 방송과 더불어 우파 대중
매체 영역을 확대하고 있다. 싱클레어 방송그룹은 오웰이 그
린 전체주의와 같은 조치를 취하기도 했다. 지역 뉴스 앵커
에게 대본에 쓰인 '가짜 뉴스' 메시지를 읽도록 강요한 것이
다. 그 메시지는 사실 보도를 훼손하는 트럼프 대통령의 수
사학을 앵무새처럼 반복했다.

　　이런 많은 매체들은 검증 가능한 사실과 정보를 제공하
려는 시늉조차 하지 않는다. 그러기는커녕 한 토론 프로그램
진행자가 말한 "사실에 기반을 둔 내용"[16]을 자신들에게 유
리하게 미리 준비한 이야기로 둔갑시키려 한다. 이런 이야기
는 대개 대중이 가진 기존 신념을 추인하거나 최악의 공포를
선동한다.

최근 보수적인 라디오 진행자 찰리 사이크스는 보수 대중매체가 "가짜 뉴스에 대한 우리의 면역력을 파괴하면서 우파 가운데서도 최악이자 가장 무분별한 사람들에게 권한을 부여하는" "대안현실 거품"을 만들어냈다고 말했다.[17]

하버드대학의 한 연구[18]는 2017년, 2015년 4월 1일부터 2016년 11월 선거일까지 발행된 125만 건 이상의 기사를 분석해 트럼프 지지자들이 이 "고립된 정보 커뮤니티"에 심히 의존한다고 결론지었다. 그것은 "소셜미디어를 중추" 삼아 "극도로 편파적인 견해를 세계로 전송"해 그 사용자들이 공유하는 세계관을 강화하는 한편, 이들의 편견에 이의를 제기하는 주류 언론에 적의를 품게 한다. 그 결과, 대통령이 일어난 적 없는 스웨덴의 테러 사건에 대해 언급하거나 대통령 고문이 있지도 않은 '볼링그린 학살'*을 언급하게 되는 환경이 조성되었다.

부족 정치가 점점 공화당과 민주당의 정치를 지배하면서, 정치 후보자들은 예비선거 과정에서 앞다투어 자기 정당의 지지 기반 세력을 이념적 저장탑 안으로 몰아넣는다. 공화당 지지 기반을 이루는 많은 사람들이 총기 폭력, 오바마케어**, 또는 지구 온난화 같은 사안에 관한 한, 자동적인 거부로 즉

★ 트럼프 대통령의 자문인 켈리앤 콘웨이가 몇몇 인터뷰에서 언급한 사건으로, 주요 이슬람 국가 7개국 사람들의 여행 및 이민 규제를 정당화하는 이유가 되었다. 하지만 이런 사건은 일어나지 않았고, 콘웨이는 추후에 2011년에 이라크인 난민 두 명이 켄터키주 볼링그린에서 "이라크 테러분자와 알카에다에 물자 지원을 제공하려 한 것"을 포함하는 죄로 체포된 일을 언급한 것이라고 해명했다.

★★ Obamacare. 오바마의 2010년 건강보험개혁법안을 비난조로 일컫는 표현이다.

시 반응한다. 통계자료, 전문가 분석, 신중히 조사한 대학 또는 정부의 연구는 신경 쓰지 않는다. 어떤 경우에는 심지어 그들 자신의 이익도 괘념치 않는다. 요지부동의 많은 트럼프 지지자들이 이런 증거를 신뢰할 수 없는 진보주의자들이나 그림자정부의 정치로 일축한다. 이런 지지자들에게는 당에 대한 충성심과 부족 정치가 사실, 그리고 도덕성과 예의보다 더 중요하다. 십대 소녀들을 성희롱해서 비난받는 상원의원 후보자 로이 무어를 지지한 공화당원들과, 진정한 전쟁 영웅인 존 매케인을 야유하며 신이 트럼프에 맞선 그에게 암으로 벌을 줬다고 잔인하게 말한 트럼프 지지자들을 보라.[19]

저널리스트 앤드루 설리번이 쓴 대로 "지속적이고 복잡한 이념, 지역, 당, 계층, 종교, 인종의 분열이 좀더 깊고 (지도를 그려보면) 좀더 단순한, 그래서 훨씬 더 불길한 것으로 변이되고 있다."[20] 단지 정치적 양극화 면에서만이 아니라 나라가 "일관성 있는 두 개의 부족"으로 분열되고 있다는 면에서도 그렇다. 이 두 개의 부족이 "정치권력에서 괴상하리만치 균형을 이루면서 자기편을 전진시킬 뿐 아니라 상대편을 자극하고 비난하고 물리치기 위해 싸운다."

확증편향을 설명하기 위해 여러 가지 이론이 제시되었다. 사람들은 왜 자신의 신념을 뒷받침하는 정보는 성급히 받아들이는 반면, 이의를 제기하는 정보는 거부할까? 첫인상은 지우기가 어렵기 때문이고, 자기 영역을 지키려는 원초적 본능이 있기 때문이며, 우리가 이의 제기에 대해 지성보다는 감정으로 반응하고 증거를 신중히 검토하기를 싫어하는 경향이 있기 때문이다.

집단의 역학관계는 이런 경향을 과장할 뿐이다. 법학자 캐스 선스타인은 『우리는 왜 극단에 끌리는가』에서 이렇게 말했다. 편협성[21]은 흔히 한정된 정보와 대개 기존의 견해를 강화하는 정보의 입력을, 그리고 동료에게 인정받고 싶어하는 욕구를 의미한다. 만약 집단의 지도자가 "반대의견을 권장하지 않고 동일성을 증명할 수 있는 결론으로 기우는 경향이 있다면, 집단 전체가 그런 결론으로 갈 가능성이 아주 높다."[22]

선스타인은 이렇게 썼다. 일단 집단이 심리적 벽으로 둘러싸이면 "그 집단 바깥의 정보와 견해는 의심받을 수 있고, 이런 이유로 집단의 일원들이 이야기를 계속 나눌수록 양극화 과정을 방해할 것은 아무것도 없다."[23] 실제로, 생각이 비슷한 사람들의 집단은 극단주의 운동의 온상이 될 수 있다. 선스타인은 이렇게 말했다. "테러분자는 태어나는 게 아니라 만들어지고" "흔히 테러조직은 바로 이런 식으로 가동된다. 그 결과, 그렇지 않으면 평범한 사람들이 폭력 행동을 하도록 바꿔놓을 수 있다."

찰리 사이크스는 2016년 말 인기 있는 라디오 방송 프로그램에서 하차하기로 마음먹었다. 정치가 "이원적 부족 세계"[24]가 되었다고 사이크스는 지적했다. 이런 세계에서 유권자들은 "상대편이 항상 더 나쁘기 때문에 괴상한 행동, 부정,

추잡함과 잔인함을 용인한다." 사이크스의 청취자들은 트럼프에 대한 그의 비판이나, 힐러리 클린턴과 버락 오바마에 대한 말도 안 되는 음모론이 명백히 거짓이라는 그의 반론을 용인하지 않았다. 사이크스의 청취자들은 주류 뉴스 매체와 거짓 없는 사실을 거부하는 데 익숙해졌다.

사이크스는 2017년 출간한 『우파는 어떻게 그 정신을 잃었나』에 이렇게 썼다. "새로운 우파 매체 문화에서 부정적 정보는 그야말로 더 이상 통하지 않고, 과실과 추문은 없애거나 무시하거나 또는 만들 수 있으며, 반서사가 개시될 수도 있다. 후보자가 주류 매체의 서사, 비판, 사실 확인에 영향받지 않을 수 있음을, 트럼프는 보여주었다."[25]

많은 사람들이 세 개의 텔레비전 방송국 가운데 하나에서 뉴스를 얻고 〈우리 모두 가족〉과 〈메리 타일러 무어 쇼〉 같은 동일한 텔레비전 프로그램을 보던 케이블 텔레비전 이전 시대는 오래전에 지나갔다. 새 〈스타워즈〉 영화와 슈퍼볼*이 여전히 인구통계집단의 경계를 가로질러 관중을 사로잡는 몇 안 되는 공동의 사건으로 남아 있다.

뉴스에 대해 말하자면, 매체 환경이 갈수록 분열되어 가장 극렬한 공화당 지지자부터 가장 극렬한 민주당 지지자까지 적절한 시청자에게 딱 맞춘 사이트와 발행물이 제공되고 있다. 페이스북, 트위터, 유튜브 등 많은 사이트가 알고리즘을 이용해 우리가 보는 정보를 개별화한다. 우리에 대해 수

★ Super Bowl. 매년 미국 프로 미식축구의 우승팀을 결정하는 경기를 말한다.

집한 이전 데이터에 근거해서 정보를 개인맞춤한다.

인터넷 활동가 엘리 패리저는 『생각 조종자들』에 이렇게 썼다. "구글이 모두에게 개인맞춤된 까닭에 '줄기세포'라는 검색어는 줄기세포 연구를 지지하는 과학자들과 반대하는 활동가들에게 정반대의 검색 결과를 내놓을지 모른다. '기후변화의 증거'라는 검색어는 환경운동가와 석유회사 경영진에게 다른 결과를 보여줄지 모른다. 여론조사에 따르면, 우리 대다수가 검색 엔진이 편향적이지 않다고 생각한다. 하지만 그것은 검색 엔진이 우리가 견해를 공유하게끔 점점 편향되기 때문일 뿐이다. 갈수록 우리 컴퓨터 모니터는 일종의 한 방향 거울이 된다. 알고리즘이 우리가 무엇을 클릭하는지 지켜보면서 우리 관심사를 반영한다."[26]

소셜미디어 사이트가 우리의 세계관이 정당함을 확증해주는 경향이 있는 정보를, 다시 말해 패리저가 "'나'라는 무한 루프"[27]라고 한 것을 제공하기 때문에, 사람들은 점점 더 협소한 콘텐츠 저장탑과, 이에 상응하게 벽으로 둘러싸인 더 작은 생각 정원 속에서 산다. 진보주의자와 보수주의자, 민주당 지지자와 공화당 지지자가 점점 더 사실에 동의하기 어려워지고 공유하는 현실감각을 찾기 어려워지는 건, 이것이 큰 이유다. 또 이것이 힐러리 클린턴의 선거운동본부와 많은 언론을 포함한 뉴욕·워싱턴의 엘리트들이 2016년 미국 대통령 선거에서 트럼프가 승리하자 왜 그토록 충격을 받았는지 설명하는 데 도움이 된다.

2011년 테드(TED) 강연에서 패리저는 이렇게 경고했다. "만약 알고리즘이 우리 세계의 관리자 역할을 한다면, 우리가 보고 싶은 것과 보고 싶지 않은 것을 결정한다면, 연관성에만 맞출 게 아니라 우리에게 불편하거나 이의를 제기하거나 중요한 다른 견해 또한 확실히 보여주게 해야 합니다."[28]

주의력 결핍

7

정말로 사물이 어떻게 작동하는지 알고 싶으면,
그것이 산산조각 나고 있을 때 살펴보라.[1]
— 윌리엄 깁슨,『제로 히스토리』

가짜 뉴스가 확산되고 객관성에 대한 믿음이 약화되는 현상과 관련해, 기술은 가연성 높은 촉매로 드러났다. 우리는 혁신을 위한 변화의 촉매라 생각한 것의 어두운 면을 차츰 깨닫게 되었다.

1989년 팀 버너스-리는 범세계통신망(World Wide Web)에 관한 제안서를 작성하면서 전 세계적인 정보 시스템을 마음속에 그렸다.[2] 범세계통신망은 언어와 지역의 경계를 넘어 사람들을 연결하고 정보를 공유해 전례 없는 창의성과 문제 해결로 이어질 터였다. 보르헤스는 무한한 도서관에 대해 이야기했는데, 이것은 박애 정신에 입각한 무한한 도서관인 셈이다. 여기에는 모든 것이 존재하는 데다 또한 검색해서 실용적인 용도와 창의적인 용도로 쓸 수 있을 터였다.

"웹의 출현은 우리가 인간 잠재력에 대한 새롭고 긍정적인 정보를 알게 된 드문 사례였다."[3] 재런 러니어는 『디지털 휴머니즘』에 이렇게 썼다. "수백만 사람들이 광고, 상업적 동기, 처벌 위협, 사람들을 휘어잡는 인물, 정체성 정치 등 인류의 고전적인 다른 동기 없이 하나의 계획에 그렇게 많은 노력을 들일 것이라고 (적어도 처음에는) 누가 생각했을까. 엄청난 수의 사람들이 오로지 그게 좋은 생각이고 훌륭하다는 이유만으로 서로 협력해 일을 해냈다."

초기에 이 집단적 대규모 사업의 핵심에는 "인간 본성에 대한 기분 좋은 믿음"이 있었다고 러니어는 회상했다. "개인에게 권능을 부여한다면, 그 결과가 해롭기보다는 좋을 것이라고 우리는 믿었다. 그 이후 인터넷이 잘못돼간 방식은 진정 기대에 어긋나는 것이었다."

웹은 정보를 민주화하는 동시에 일부 정부를 더 투명하게 만들고 정치적 의견을 달리하는 사람부터 과학자와 의사까지 모든 사람이 서로 연결될 수 있게 한다. 웹은 사람들이 학습할 수 있게 하는 동시에 악당들에게 이용되어 잘못된 정보와 허위 정보, 무자비함과 편견을 퍼뜨릴 수 있다. 웹에서는 익명이 가능해 치명적인 무책임성을 부추겨 스토커와 트롤이 생겨났다. 실리콘밸리의 거대 기업들은 미국 국가안보국(NSA)에 맞먹는 규모의 사용자 데이터를 수집했다. 게다가 인터넷 사용이 폭발적으로 증가하면서 '나'와 '셀피' 세대의 자기도취부터 이념의 저장탑 안에 고립되는 사람들과 진실의 상대화까지 현대 문화에서 이미 작동하고 있던 많은 역학관계가 증폭되었다.

웹의 데이터 양이 엄청나 사람들이 자기 견해를 뒷받침하는 사실이나 일반적으로 사실로 여겨지는 것이나 사실이 아닌 것을 골라내 쓸 수 있게 되면서, 웹은 학자와 비전문가가 비슷하게 실증적 증거를 검토해 합리적 결론에 이르기보다 자기 이론을 뒷받침해줄 자료를 검색하는 분위기가 조장되었다. 《하버드 비즈니스 리뷰》의 전 편집장인 니콜라스 카는 『생각하지 않는 사람들: 인터넷이 우리의 뇌 구조를 바꾸고 있다』에 이렇게 썼다. "우리는 웹에서 검색할 때 숲을 보지 않는다. 심지어 나무도 보지 않는다. 가지만 보고서 떠날 뿐이다."[4]

조회수가 전부이고 오락과 뉴스의 경계가 점점 흐릿해지는 웹에서는 선정적이거나 기괴하거나 충격적인 자료가 검색 순위 최상위에 오르고, 우리 뇌의 비열한 부분, 즉 공포와 증오와 분노 같은 원초적 감정에 냉소적으로 호소하는 게시물도 마찬가지로 최상위에 노출된다.

이렇듯 주의가 산만하고 정보 과부하가 걸린 시대에, 관심은 인터넷에서 가장 값어치가 나가는 것이다. 그리고 법학교수 팀 우가 『관심을 팝니다』에서 말한 대로, 인터넷 사이트들은 2010년대 초에 지속적으로 입소문을 탈 콘텐츠를 만드는 방법을 차츰 터득했다. 흔히 "공유하려는 충동은 두려움, 격분, 불안처럼 '자극이 강한' 감정 영역에 의해 활성화되었다."[5]

우는 2015년에 이렇게 썼다. 한때 "모든 인터넷 영역에서 아마추어 괴짜를 기르는 공유지"[6]였던 웹이 "상업적 쓰레기"로 넘쳐났다. "그 대부분이 관음증과 말초적 자극이라는 인간의 가장 야비한 충동을 겨냥한 것이었다." 지금은 "한 주제에 대해 목록식으로 작성해 조회수를 높이려 꼬드기는 기사나 글 그리고 유명인의 시답잖은 이야기들로 이뤄진 지대" 같은 "방대한 암흑의 영역"이 생겨났다. 이런 것들은 "오로지 사람들이 무심히 클릭하고 공유해가서 거기에 딸린 독감 약 같은 광고를 퍼뜨리도록 꾀한 것"이었다.

뉴 밀레니엄에 제도와 게이트키퍼*에 대한 불신이 높아지고 우파가 합심해 주류 언론의 평판을 떨어뜨리려 노력한 결과, 대중매체에 대한 대중의 신뢰도가 낮아졌다. 그러면서 사람들은 점점 페이스북, 트위터 등 다양한 온라인 매체를 통해 뉴스를 얻기 시작했다. 2017년 미국인의 3분의 2가 소셜미디어를 통해 적어도 일부 뉴스를 얻는다고 말했다.[7] 하지만 이렇듯 뉴스를 가족, 친구, 페이스북, 트위터에 의존하면 가짜 뉴스를 게걸스레 먹어대는 괴물에게 먹이를 주는 꼴이 될 터이다.

물론 가짜 뉴스는 새로운 게 아니다.[8] 선정적인 언론 보도가 에스파냐-미국 전쟁**에 대한 대중의 지지를 얻어내는

★ gatekeeper. 정보나 메시지의 흐름을 관리하거나 제한하는 사람 또는 조직. 뉴스 매체 조직에서 뉴스를 취사선택하는 기자나 편집권자 같은 뉴스 결정권자를 가리킨다.
★★ 1895년 쿠바인들이 에스파냐 본국에 반란을 일으키자 쿠바섬의 이해관계를 둘러싸고 미국과 에스파냐 사이에서 일어난 전쟁이다. 당시

데 도움이 되었고, 율리우스 카이사르는 자신의 갈리아 지역 정복이 예방조치를 위한 행동이라는 말을 만들어냈다. 하지만 인터넷과 소셜미디어는 유언비어, 억측, 거짓말이 대략 몇 초 만에 전 세계에 전송될 수 있게 했다. 터무니없는 피자게이트 이야기와, 2017년 10월 라스베이거스에서 58명이 학살된 사건의 배후에 무브온*을 추종하고 최근에 이슬람교도가 된 반트럼프 진보주의자가 있다고 주장[9]하는 근거 없는 이야기 같은 것들 말이다.

2016년 미국 대통령 선거운동 기간의 마지막 3개월 동안 《버즈피드 뉴스》는 페이스북에서 "최고의 성과를 올린" 선거 관련 가짜 뉴스 기사가 《뉴욕타임스》, 《워싱턴포스트》, NBC 뉴스, 《허핑턴포스트》 같은 큰 언론사의 주요 뉴스보다 더 많은 독자 참여를 불러일으켰다고 보도했다.[10] 가짜 기사 스무 건 가운데 세 건을 제외한 나머지 전부가 트럼프를 지지하거나 힐러리 클린턴을 반대했다. 여기에는 클린턴이 ISIS에 무기를 팔았다고 주장하는 기사와 교황이 트럼프를 지지했다고 주장하는 기사가 포함되어 있었다. 옥스퍼드대학 인터넷연구소의 한 연구[11]는 표본에서 트럼프 지지자들의 네트워크가 다른 어떤 정치집단보다 영양가 없는 뉴스를 더 많이 유포한다는 사실을 밝혀냈다. 게다가 2018년 《폴리티코》의 한 분석은 뉴스 구독자 수가 낮은 지역인 이른바 뉴스 사막의 유권자들이 트럼프의 주장을 독립적인 매체가

미국에서 발행부수를 늘리려는 신문들이 치열한 경쟁을 벌이느라 사실을 과장해 보도한 것이 전쟁이 일어난 원인 중 하나로 꼽힌다.
★ MoveOn.org. 미국의 진보적 공공 정책을 지지하는 단체이자 정치활동위원회이다.

점검할 수 있는 지역의 유권자들보다 트럼프를 더 많이 좋아한다는 사실을 밝혀냈다.

가짜 뉴스를 퍼뜨리고 2016년 미국 대통령 선거에 개입하려는 러시아의 노력을 가능하게 하는 데 소셜미디어가 한몫한 사실이 점점 분명해지면서, 일부 실리콘밸리 관계자는 존재의 위기를 경험했다. 이들은 자신이 도와 만든 마술 같은 도구가 프랑켄슈타인 같은 괴물이 되고 있다고 우려했다. 이베이 설립자인 피에르 오미디아는 "정보의 화폐화와 조작이 우리를 급격히 분열시키고 있다"[12]고 썼고, 소셜미디어가 책임과 신뢰와 우리의 민주주의에 미치는 영향에 관한 정식 보고서를 의뢰했다.

"이 시스템은 실패하고 있다."[13] 팀 버너스-리는 이렇게 선언했다. 그는 자신이 여전히 낙관론자이지만 "얼굴을 강타하는 지독한 폭풍우가 부는 언덕 위 울타리에 매달려 선 낙관론자"라고 말했다.

페이스북의 초기 투자자인 로저 맥너미는 한 글에서 열변을 토하며 러시아가 2016년 미국 대통령 선거의 결과를 바꾸려고 페이스북, 트위터, 구글 등 다양한 플랫폼을 조작한 것과 브렉시트 국민투표는 빙산의 일각에 지나지 않는다고 주장했다. 근본적인 변화가 이뤄지지 않는 한, 이들 플랫폼은 다시 조작될 것이고 "이미 시궁창에 빠진 정치 담론의 수준은 훨씬 더 악화될 것"[14]이라고 경고했다.

문제는 페이스북 같은 플랫폼이 사용자 참여를 극대화

하려고 사용하는 알고리즘에 내재되어 있다고 맥너미는 주장했다. 회원들이 어떤 플랫폼에서 시간을 더 많이 보낼수록 회사는 광고를 더 많이 팔아 수익을 더 많이 올린다. 참여를 극대화하는 방법은 "사용자의 데이터를 받아 분석하고 이를 이용해 사용자가 무엇에 가장 강하게 반응할지 예측한 다음 그것을 더 많이 제공하는 것"이다. 이것은 사람들을 편파적 저장탑 안에 가두는 필터버블을 만들어낼뿐더러 단순하고 도발적인 메시지에 유리하다. 음모론은 소셜미디어에서 쉽게 입소문을 탄다. 그리고 트럼프 선거운동본부와 영국의 '탈퇴에 투표를' 단체가 퍼뜨린 것과 같은 아주 단순화되고 선동적인 정치 메시지도 마찬가지다. 이들은 이민자에 대한 공포나 일자리가 사라지는 데 대한 분노 같은 원초적 감정에 호소했다. 이런 포퓰리즘 메시지는 2008년 금융 위기의 여파로 소득 불평등이 눈덩이처럼 커졌던 때처럼 경제가 불확실한 시기, 그리고 세계화와 지반을 뒤흔드는 듯한 기술 혁신 같은 문화 및 사회 변동 시기에 견인력을 얻는 경향이 있다고 역사학자들은 증언한다.

혐오를 부채질하는 트럼프의 메시지는 소셜미디어의 알고리즘에 거의 안성맞춤이었다. 스티브 배넌은 저널리스트인 마이클 루이스에게 트럼프는 분노한 사람일뿐더러 다른 사람들의 분노를 이용할 줄 아는 특별한 능력이 있는 사람이라고 말했다. "우린 '적폐를 청산하라', '힐러리 클린턴을 가둬라', '장벽을 세워라'로 당선됐죠. 이건 순수한 분노였습니다. 분노와 공포는 사람들이 투표소에 가게 하죠."[15]

동시에 트럼프 선거운동본부는 소셜미디어와 빅데이터 도구를 약삭빠르고 교활하게 이용했다.[16] 페이스북과 케임브리지 애널리티카의 정보를 이용해 선거광고의 목표 대상을 정하고 트럼프의 선거유세장을 계획했다. 케임브리지 애널리티카는 트럼프 지지자이자 브라이트바트 투자자인 로버트 머서가 일부 소유권을 가진 데이터 과학 회사로, 그는 잠재적 유권자 수백만 명의 심리를 프로파일링하는 이 회사의 역량을 자랑한다.

페이스북은 케임브리지 애널리티카가 8,700만 명이나 되는 사람들의 데이터를 부적절하게 공유했을 것이라고 밝혔다.[17] 케임브리지 애널리티카는 이 정보를 이용해 유권자들의 행동을 예측하고 영향력을 미치기 위한 도구를 만드는 일을 도왔다. 케임브리지 애널리티카의 한 예전 직원은 스티브 배넌이 2014년에 유권자들을 설득하는 일을 감독했다고 말했다.[18] 스티브 배넌은 이때 "적폐를 청산하라"와 "그림자 정부" 같은 반기득권층 메시지를 식별해 시험했다.

트럼프 선거운동본부의 디지털 책임자인 브래드 파스케일은 자신들이 어떻게 페이스북의 광고 도구를 이용해 개인 맞춤 광고로 잠재적 지지자들을 정밀히 겨냥할 수 있었는지 이야기했다.[19] 그들은 언어, 그래픽, 심지어 색을 끊임없이 변경해가며 하루에 5만에서 6만 개 정도의 광고를 만들어 호의적인 반응을 이끌어내려 했다.

《블룸버그 비즈니스위크》에 인용된 트럼프 선거운동본부의 한 고위층의 말에 따르면, 그들은 또 의도적으로 보여주고 싶은 사람만 볼 수 있는 비공개 게시물을 이용해 세 가지 투표 억제 작전을 개시했다.[20] 하나는 버니 샌더스 지지자들을 겨냥하고, 또 하나는 (트럼프가 여성들과 얽힌 추문을 보면 이상하기는 하지만 그것이 빌 클린턴의 바람기를 떠올리게 해 불쾌하게 만들 수 있을 거라 생각한) 젊은 여성들을 겨냥했으며, 그리고 다른 하나는 (1996년 힐러리 클린턴이 남편의 범죄 단속 계획을 언급하면서 흑인 범죄조직에 대해 "엄청난 약탈자"라는 말을 사용한 점을 떠올리게 하면 클린턴에게 투표하지 않을 거라고 본) 아프리카계 미국인들을 겨냥한 것이었다.

물론 2016년 미국 대통령 선거에서 소셜미디어를 조작한 주요 당사자는 러시아인들이었다.[21] 이들의 장기 목표는 민주주의와 선거제도에 대한 유권자들의 신뢰를 약화시키는 것이었다. 이 장기 목표는 선거 결과가 트럼프 쪽으로 기울어지게 한다는 단기 목표와 아주 잘 들어맞았다. 미국 정보기관들도 러시아 해커들이 민주당 전국위원회로부터 이메일 주소를 훔쳤다고 결론지었다. 이 이메일 주소들은 나중에 위키리크스에 제공되었다. 이런 음모들은 모두 2012년 푸틴의 재선 이후 강화된 크렘린의 결연한 노력의 일환이었다. 이는 비대칭적 비군사적 수단을 이용해 유럽연합과 나토(NATO)를 약화시키고 세계화와 서구의 자유민주주의에 대한 신뢰를 훼

손하기 위함이었다. 러시아는 이 목적을 위해 프랑스 마린 르 펜의 극우 정당인 국민전선 같은 유럽의 포퓰리즘 정당들을 지지해왔고, 최근에 적어도 유럽 19개국의 선거에 개입했다. 또 스푸트니크와 RT 같은 국영 매체를 통해 허위 정보를 퍼뜨리는 조직적 활동도 계속하고 있다.

페이스북은 미국의 선거와 관련해서, 러시아 첩보원들이 2015년 6월과 2017년 8월 사이에 8만 건 정도의 게시물을 페이스북에 올렸고 1억 2,600만 명의 미국인들이 그 게시물을 보았을 거라고 의회에 말했다.[22] 이는 투표자 등록을 한 미국인 수의 절반 이상에 해당한다. 러시아인들이 페이스북에 올린 일부 게시물은 적극적으로 트럼프를 홍보하거나 힐러리 클린턴에게 악영향을 미치려 했다. 다른 게시물은 단순히 인종, 이민, 총기 소지권 같은 쟁점과 관련해서 미국 사회 내에 존재하는 분열을 확대하기 위한 것이었다. 예를 들어, 남부연합이라는 이름의 한 가짜 단체가 올린 게시물이 있었다. 이 게시물은 남부연합 깃발을 보여주면서 "남부가 다시 일어설 것을 요청"했다. 블랙 팬서를 기념하는 블랙티비스트(Blacktivist)라는 가짜 단체가 올린 게시물도 있었다. 게다가 "침략자를 용납할 수 없다"라고 적힌 팻말을 보여주는 '국경 방위'라는 페이스북 광고도 있었다.

"그 전략은 우리 사회에 균열을 내어 틈을 벌리는 것이다."[23] 메인주 상원의원인 앵거스 킹은 러시아의 미국 대통령 선거 개입에 관한 상원 정보위원회 청문회 당시 이렇게 말했다.

유튜브의 추천 엔진이 불화를 일으키고 선정적이며 음모론에 관심을 둔 콘텐츠로 사용자들을 몰아가는 것으로 보인다고 여러 간행물이 보도했다.[24] 더군다나 트위터는 러시아와 연관된 5만 개 이상의 트위터 계정이 2016년 미국 대통령 선거에 관한 자료를 게시하고 있다고 밝혔다. 옥스퍼드대학의 한 보고서는 미국 대통령 선거 준비 기간에 트위터상의 '러시아 뉴스 기사' 링크, 증명되지 않거나 부적절한 위키리크스 페이지의 링크, 또는 영양가 없는 기사의 수가 전문 탐사를 바탕으로 발행한 뉴스 링크의 수를 넘어섰다고 밝혔다. 이 보고서는 또 정치 성향이 확고해 공화당과 민주당이 경합할 여지가 없는 주보다 플로리다, 노스캐롤라이나, 버지니아처럼 "경합하는 주에서 허위 정보의 평균 수위가 더 높았다"고 밝혔다.

러시아인들은 가짜 뉴스를 만들어내는 일뿐 아니라, 가짜 뉴스를 언급하고 가짜 미국 단체에 가입하는 가짜 미국인을 만들어내는 일에도 아주 능숙해졌다.[25] 비탈리 베스팔로프라는 이름의 러시아 트롤 공장 직원은 프로파간다를 만들어내는 상트페테르부르크의 공장인 인터넷 리서치 에이전시(IRA)에서 일했다. 그는 IRA에 대해 "거짓말의 회전목마"라고 NBC 뉴스에 말했다. 1층에서 일하는 사람들은 3층에서 일하는 사람들이 쓴 블로그 게시물을 참조해 가짜 뉴스 기사를 썼다. 동시에 동료들이 가명으로 그 기사에 대한 의견을 게시하고 다른 소셜미디어 게시물을 조직했다. 미국의 정보원들에 따르면, IRA의 일부 계정은 원래 우크라이나에 대한 친러시아 프로파간다를 만들어내고 있었지만 2015년 12월 초 친트럼프 메시지를 만들어내는 것으로 바뀌었다.

연예 전문 매체인《액세스 할리우드》는 미국 대통령 선거 전에 트럼프가 여성들의 몸을 더듬은 일에 대해 이야기하는 내용이 담긴 테이프를 공개했다.[26] 이때 러시아의 트위터 요원들이 트럼프를 구하기 위해 몰려들었다. 이들은 주류 언론을 비난하고 힐러리 클린턴의 선거운동본부장 존 포데스타한테서 불리한 내용의 이메일을 해킹해내 사람들의 관심을 새로이 집중시키려 애썼다. 이런 식으로 트럼프를 지원하는 일은 그가 백악관에 들어간 후에도 계속되었다. 친크렘린 트위터 계정들이 프로미식축구연맹(NFL) 선수들의 한쪽 무릎 꿇기 논란* 같은 문제에 대해 분란을 일으키려 들었다. 하지만 2017년 말, 이들 러시아 계정은 점점 로버트 뮬러**와 러시아의 미국 대통령 선거 개입에 대한 조사를 약화시키는 데 주력하는 것처럼 보였다.

러시아는 또 트럼프 행정부의 망 중립성 폐지 결정[27]과 관련해 미국 내에서 벌어지는 논쟁에 뛰어든 것으로 보인다.

★ 2016년 샌프란시스코 포티나이너스의 쿼터백 콜린 캐퍼닉이 시범경기에서 미국 국가가 울려퍼질 때 "인종차별하는 나라를 위해 일어나지 않겠다"며 한쪽 무릎을 꿇고 일어나지 않았다. 이에 트럼프가 "미국 국기에 결례를 범하는 개XX를 끌어내 해고해라"는 폭탄 발언을 했고, 2017년 자유계약 시장에 나온 캐퍼닉을 어느 팀도 영입하려 하지 않았다. 그러자 200여 명이 넘는 선수들이 무릎을 꿇고 주먹을 치켜들며 캐퍼닉을 지지했다.

★★ Robert Mueller. FBI 국장 출신으로, 2017년 특별검사로 임명되어 러시아의 2016년 미국 대통령 선거 개입과 관련된 조사를 맡았다.

인터넷 사업자들이 웹의 모든 트래픽을 동등하게 취급하도록 한 오바마 대통령 재임 시기의 원칙을 없애기 위해 연방통신위원회가 투표하기 직전 이루어진 여론조사에서 미국인 83퍼센트가 망 중립성 폐지 조치에 반대했다. 연방통신위원회는 이 결정을 발표하기 전, 이 사안에 관한 국민들의 의견을 환영한다고 말했다. 하지만 이렇게 받은 많은 의견이 가짜이거나 중복된 것으로 보인다. 한 연구는 444,938건의 의견이 러시아 쪽 이메일 주소로 왔으며, 775만 건 이상의 의견이 일회용 이메일 생성 사이트인 페이크메일제너레이터(FakeMailGenerator.com)와 관련된 이메일 도메인으로 왔고 사실상 동일한 자구(字句)를 포함하고 있었다고 밝혔다.

정치 정당 그리고 러시아, 터키, 이란 같은 나라의 정부가 트롤 공장과 봇 부대를 이용해 선전을 퍼뜨리고, 반대자를 괴롭히며, 사회관계망에 허위 정보가 넘쳐나게 하고, '좋아요'나 리트윗이나 공유를 통해 무엇이 인기와 세(勢)를 얻고 있는지에 대해 착각을 불러일으킨다. 옥스퍼드대학의 한 연구는 이렇게 지적했다. "정치 정당이나 후보자가 때로 선거운동 전략의 일환으로 소셜미디어를 조작한다면, 권력을 잡아도 이런 전략을 계속해서 사용한다. 예를 들어, 필리핀에서 대통령 선거 기간 동안 이른바 많은 '키보드 트롤'들이 고용되어 두테르테 대통령 후보를 위한 프로파간다를 퍼뜨렸고, 그가 권력을 쥔 지금도 이들이 그의 정책을 지지하는 메시지를 퍼뜨리고 증폭시키는 일을 계속하고 있다."[28]

오미디아 그룹은 소셜미디어가 공적 담론에 미치는 영향에 관한 보고서를 내놓았는데,[29] 여론 조작에 봇을 이용하는 것은 이 보고서에서 검토한 요인들 가운데 하나에 지나지 않는다. 소셜미디어가 극단적 분열을 증폭시키는 데 더해 제도에 대한 신뢰를 약화시키고 민주주의에 꼭 필요한 사실에 기초한 토론과 논의를 더욱 어렵게 만드는 경향이 있다고 이 보고서는 결론지었다. 목표 대상을 정밀하게 겨냥한 소셜미디어의 광고와 뉴스피드를 개개인에 맞추는 알고리즘이 단순히 인기 있는 것과 증명 가능한 것의 차이를 흐려서, 함께하는 대화에 참여하는 능력을 약화시키고 있다.

상황은 악화되기만 할 듯하다.[30] 특히 트럼프 백악관이 러시아의 미국 대통령 선거 개입에 대해 여전히 부인하고, 전 국가안보국과 중앙정보국(CIA) 책임자인 마이클 헤이든이 "역사상 가장 성공한 암암리의 영향력 행사 작전"이라고 한 것에 대해 조치를 취하지 않는다면 말이다. 국토안보부의 사이버과 책임자는 러시아인들이 2016년 미국 대통령 선거 기간 동안 21개 주의 선거 시스템에 침입하려 했고 몇 개 주는 뚫고 들어가는 데 성공했다고 밝혔다. 게다가 한 컴퓨터 보안회사는 2016년 민주당 전국위원회의 이메일을 훔친 바로 그 러시아 해커들이 2018년 중간선거 준비 기간에 상원 계정들을 표적으로 삼고 있었다고 발표했다.

러시아는 이미 영국의 브렉시트 국민투표뿐 아니라 독일, 프랑스, 네덜란드의 선거에 개입하려 했다.[31] 2016년 미국 대통령 선거에 쉽사리 개입하고 트럼프 행정부 1년차에 아무런 처벌을 받지 않자, 러시아는 확실히 대담해졌다. 멕시코와 다른 나라 정치인들은 이제 푸틴의 공격 대상 명단에서 다음 차례는 자신일지 모른다고 우려하면서 가짜 뉴스와 프로파간다라는 불안정파*에 대비하고 있다.

기술 발전이 문제를 한층 더 복잡하게 만드는 것 같다.[32] 가상현실과 기계학습 시스템의 발전은 곧 그럴듯해서 실재와 구분하기 어려운 조작된 이미지 및 동영상으로 귀결될 것이다. 이미 오디오 표본에서 목소리를 재현할 수 있고, 인공지능(AI) 프로그램으로 얼굴 표정을 조작할 수 있다. 미래에 우리는 정치인이 자기가 실제로 말하지 않은 것을 말하는 진짜 같은 동영상에 노출될 수도 있을 터이다. 보드리야르의 시뮬라크럼이 실현된 것이다. 이는 모조와 실재, 가짜와 진짜를 구분하는 우리의 능력을 악화시키는 〈블랙 미러〉 같은 발전이다.

★ destabilizing wave. 주위에서 에너지를 빼앗아, 시간이 지남에 따라 진폭과 전체 에너지가 변하는 파동을 말한다.

'거짓말이라는 소방호스'

프로파간다와 가짜 뉴스

8

편견에 호소해 천 명을 움직이는 게
논리로 한 명을 설득하는 것보다 더 빠르다.[1]
— 로버트 A.하인라인

러시아가 미국과 유럽에서 정치에 관한 대화의 중심에 있다.
2016년 미국 대통령 선거와 세계의 다른 많은 선거에 개입한
까닭이다. 이들 작전에서 러시아가 이용한 방법은 냉전시대
에 구소련 정부가 수십 년 동안 구축한 정교한 선전기관(pro-
paganda machine)을 떠올리게 한다. 이 선전기관은 해킹, 가
짜 뉴스, 소셜미디어의 무기화를 포함해, 새로운 사이버전쟁
의 전문기술을 보여준다. 이쯤에서 두 명의 러시아인, 블라
디미르 레닌과 훨씬 유명세가 덜한 블라디슬라프 수르코프[2]
를 동시에 떠올리게 되는 것은 우연이 아니다. 수르코프는 전
직 연극연출가로 '푸틴의 라스푸틴'이자 크렘린의 선전 조작
자라고 일컬어진다. 이 두 인물이 탈진실 시대에 작동하는 곤
혹스러운 정치적·사회적 역학관계에 수없이 영향을 미치고
있다.

레닌의 혁명 모형은 그가 죽고 거의 한 세기 후 소름 끼치도록 내구성이 있는 것으로 드러났다. 레닌의 목표는 국가기관을 개선하는 게 아니라 국가기관과 그 모든 제도를 박살내는 것이었고, 21세기의 많은 포퓰리스트들이 이를 수용했다. 게다가 대중을 결집하기 위한 수단으로 혼동과 혼란을 이용하는 것부터, 지나치게 단순화한(그래서 항상 깨지는) 유토피아에 대한 약속, 그리고 구태(舊態)로 오명을 씌울 수 있는 것이면 무엇이든 공격하는 폭력적 수사술까지 레닌의 많은 전술 또한 수용되었다.

레닌은 언젠가 자신의 선동적인 언어가 "증오와 혐오와 경멸을 불러일으키려고 의도"[3]한 것이라고 말했다. 이런 어법은 "상대 계급을 납득시키는 게 아니라 깨부수려고, 적의 잘못을 바로잡는 게 아니라 적을 파괴하려고, 적의 조직을 지구상에서 전멸시키려고 의도한 것이었다. 이런 어법은 실로 적에 대한 최악의 생각, 최악의 의혹을 불러일으키게 하는 성격의 것이다." 이 모두가 트럼프와 지지자들이 2016년 미국 대통령 선거운동 기간 동안 힐러리 클린턴을 공격하면서 사용한 언어("힐러리 클린턴을 가둬라"), 영국 브렉시트 운동의 과격한 지지자들이 사용한 언어, 대서양 양쪽 해안에서 일어나고 있는 우파 포퓰리즘 운동이 점점 더 많이 사용하는 언어의 원형처럼 들린다.

언론인 앤 애플바움은 트럼프, 영국의 나이절 패라지, 프랑스의 마린 르펜, 폴란드의 야로스와프 카친스키, 헝가리

수상 빅토르 오르반을 포함하는 '신(新)볼셰비키들'이 레닌과 레온 트로츠키처럼 정치계 주변부에서 시작해 포퓰리즘의 파도를 타고 중요한 위치에 올랐다고 보았다. 2017년 애플바움은 이렇게 썼다. "이들은 놀라울 정도로 레닌의 방식을 도입해 타협을 거부하고, 어떤 사회집단을 다른 사회집단보다 반민주적으로 승격시키고, '불법적' 상대에 대해 악의에 찬 공격을 가한다."[4]

성공한 신볼셰비키들 다수가 허위 정보, 선동, 인터넷에서 공격적이고 불쾌한 글로 적의 화를 의도적으로 도발하는 행위를 전문으로 하는 자체의 '대안매체'를 만들었다고 애플바움은 지적한다. 거짓말을 하는 건 반사적인 행동이면서 신념의 문제다. 그들은 "평범한 도덕은 자신에게 적용되지 않는다"고 믿는다고 애플바움은 썼다. "…부패한 세상에서 진실은 '인민'의 이름으로, 또는 '인민의 적'을 겨냥하는 수단으로서 희생될 수 있다. 권력 투쟁에서는 무엇이든 허용된다."

실제로, 역사가 빅토르 세베스첸은 레닌 전기에서 이 볼셰비키 지도자가 "그의 시대로부터 한 세기가 지나서 비평가들이 '탈진실의 정치학'이라고 말한 것의 대부"[5]이며, 많은 점에서 "철저히 현대적인 정치 현상"이라고, 다시 말해 "독재국가뿐 아니라 서구 민주주의 국가의 우리에게도 익숙한 선동가"라고 썼다. 그런 다음 이렇게 덧붙였다. "아마도 서구의 복잡한 정치 문화 속에서 최근의 선거를 겪은" 사람이라면 누구나 "그를 인정할지 모른다."

지금은 트럼프와 사이가 멀어졌으나 한때 조언자였으며 브라이트바트 뉴스의 전 회장인 스티브 배넌은 언젠가 한 기자에게 자신이 '레닌주의자'라고 했다.[6] 역사가 로널드 래도시는 2013년 『일상의 야수』에서 배넌이 이렇게 선언했다고 말했다. "레닌은 국가를 파괴하고 싶어했고, 내 목표도 그렇다. 나는 모든 걸 무너뜨리고 오늘날의 모든 체제를 파괴하고 싶다." 케임브리지 애널리티카의 재정을 도운 보수주의자이자 억만장자인 로버트 머서는 작은 정부가 낫다고 생각한다.[7] 머서가 운용하는 헤지펀드의 전 고위직 직원은 《뉴요커》의 제인 마이어에게 이렇게 말했다. "머서는 모든 걸 무너뜨리길 원하죠."

20세기에 프로파간다라는 요술에 통달한 두 나라가 나치 독일의 전체주의 국가와 소비에트연방이었다는 점은 놀라운 일이 아니다. 대중을 조종하고 혐오에 찬 이념을 홍보하는 이들의 기술이 전 세계 독재자와 선동가들에게 몇 세대에 걸쳐 흘러들었다. 레닌은 결코 지키지 않을 약속을 하는 데 전문이었다. "레닌은 복잡한 문제에 대해 단순한 해결책을 제시했다."[8] 세베스첸은 레닌의 전기에 이렇게 썼다. "그는 뻔뻔하게 거짓말을 했다. 그러고는 나중에 '인민의 적'이라 꼬리표를 붙일 수 있을 희생양을 찾았다. 오로지 이기기만 하면 된다는, 목적이 수단을 정당화한다는 생각에 근거해 자신을 정당화했다."

히틀러는 『나의 투쟁』의 전체 장을 프로파간다라는 주제에 쏟았다.[9] 히틀러의 선전장관인 요제프 괴벨스의 발언과 더불어 히틀러 자신의 발언은 장차 독재자가 되려는 이들을 위한 전술집이 되었다. 사람들의 지성이 아닌 감정에 호소하라. "판에 박은 정형화된 문구"를 사용해 거듭 반복하라. 적을 지속적으로 공격하고, 대중에게서 본능적인 반응을 이끌어낼 특유의 문구나 구호로 적에게 꼬리표를 붙여라.

히틀러는 자신을 각색하길 좋아해서 전기작가들이 나르시시스트라 평하는데, 애초에 대중의 관심을 사로잡는 방법에 대한 본능적인 감각을 가지고 있었다. "그들이 우리를 바보나 범죄자로 취급하며 비웃건 모욕하건 알 게 뭔가?"[10] 히틀러는 스스로 이름을 떨치려는 자신의 초창기 노력에 대해 이렇게 썼다. "요점은 그들이 우리에 대해 이야기하고 끊임없이 우리에 대해 생각한다는 점이다." 히틀러도 레닌과 마찬가지로 "기존 질서를 파괴"[11]해 새로운 신조가 "침투할 여지를 만들"어야 한다고 강조했다.

한나 아렌트는 『전체주의의 기원』에서 나치 독일 국민과 구소련 국민을 가스라이팅하는 데서 프로파간다의 극히 중요한 역할을 검토했다. "대중은 변화무쌍해 이해하기 힘든 세계에서 모든 것을 믿는 동시에 아무것도 믿지 않고 모든 것이 가능하면서 진실한 것은 아무것도 없다고 생각하는 지경에 이르렀다."[12]

한나 아렌트는 이렇게 썼다. "대중 선전은 대중이 아무리 터무니없어도 최악의 것을 믿을 준비가 언제나 되어 있고, 모든 진술이 어차피 거짓말이라고 생각하기 때문에 속는 데 대해 특별히 이의를 제기하지 않는다는 사실을 알아차렸다. 전체주의 대중 지도자들의 선전은 정확히 다음과 같은 심리적 전제에 기초했다. 이런 상황에서는, 어느 날 사람들이 가장 환상적인 진술을 믿게 만들어, 그다음 날 그게 거짓말임을 말해주는 반박 불가능한 증거가 제시되더라도 믿게 할 수 있으며, 사람들은 냉소에서 위안을 얻을 것이라는 전제, 그리고 자기에게 거짓말을 한 지도자를 저버리기는커녕 그 진술이 거짓말임을 처음부터 알았고, 전술이 뛰어나고 빈틈없는 지도자를 존경한다고 주장하리라는 전제 말이다."

러시아는 바로 이 같은 목적을 이루기 위해 여전히 선전을 이용한다. 많은 거짓말로 자국민의(갈수록 외국민들 또한) 주의를 딴 데로 돌리고 지치게 만들어서, 즉 피로하게 만들어서 저항을 멈추고 사생활로 숨어들게 하려 한다. 랜드연구소의 한 보고서는 푸틴 모형의 이런 선전을 "거짓말이라는 소방호스"[13]라 불렀다. 끊임없는 고강도의 거짓말, 부분적 진실, 완전한 허구를 지칠 줄 모르고 공격적으로 쏟아부어 진실을 애매하게 만들고 관심을 기울이려는 사람들을 압도해 혼란스럽게 만드는 것이다.

"러시아의 선전은 객관적 진실에 헌신하지 않는다."[14] 이 보고서는 이렇게 말한다. 때때로 지어낸 출처를 이용하고, 가짜 사진, 가짜 현장 뉴스 보도, 배우들이 잔학행위나 범죄의 희생자 역할을 맡아 연출한 화면 등 가짜 증거도 이용한다. "RT와 스푸트니크 뉴스 같은 러시아의 뉴스 채널은 의도적으로 제대로 된 뉴스 프로그램의 외양을 취하지만 사실을 확인해 보도하기보다 인포테인먼트와 허위 정보를 뒤섞어놓는 것 같다."

2016년 미국 대통령 선거운동과 유럽 여러 나라의 선거 기간에 널리 퍼진 러시아의 선전은 뉴스 속보에 대응해 빠르게 만들어져 여러 출처의 시각을 제공하려는 다양한 매체 경로를 통해 높은 회전율로 끝없이 대량 재생되었다.[15] 러시아의 트롤들은 정확도나 불일치에는 개의치 않기 때문에, 흔히 정통 언론사가 정확한 기사를 게시하기 전에 사건을 허구로 각색해 뉴스를 내보낼 수 있다. 어떤 주제와 관련해 가장 먼저 받은 정보를 수용하는 사람들의 심리 경향, 그리고 랜드 연구소 보고서가 말한 대로, 서로 상반되는 메시지를 맞닥뜨리면 가장 먼저 받은 정보를 선호하는 심리 경향을 이용하는 것이다.

러시아의 소방호스 시스템이 풀어놓은 엄청난 양의 허위 정보는 트럼프와 그의 공화당 조력자들과 미디어의 기관원(apparatchik)들이 쏟아내는 좀더 즉흥적이지만 마찬가지로 방대한 양의 거짓말, 추문, 충격적 언사와 무척 비슷하다. 이들은 사람들을 압도하고 무감각하게 만드는 동시에 비정상의 경계를 낮춰 용납할 수 없는 것을 정상으로 만드는 경향이 있다. 모욕이 모욕에 대한 피로감에 밀려나고 이 피로감은 냉소주의와 권태에 밀려나, 거짓말을 퍼뜨리는 사람들에게 권한을 부여한다. 전 체스 세계 챔피언이자 민주주의를 지지하는 러시아 지도자인 가리 카스파로프는 2016년 12월 트위터에 이런 글을 올렸다. "현대 프로파간다의 요점은 잘못된 정보를 전하거나 어떤 의제를 밀어붙이는 것만이 아니다. 우리의 비판적 사고를 소진시키는 것, 진실을 무효화하는 것이기도 하다."[16]

물 흐리기, 밑밥 던지기, 연막 피우기, 침소봉대하기 등 선전에 대한 은유는 다양하다. 그것은 부신피로증후군과 뉴스에 대한 피로감을 만들어내기 위한 전술이다. 또, 완전히 우리의 주의력결핍장애를 의도한 전략이자, 정보 과부하 시대, T. S. 엘리엇의 말로 하자면 "주의를 흩트리는 것에 의해 주의를 흩트리는 것으로부터 주의가 흐트러"질 수 있는 '이 지저귀는(twittering) 세계'를 의도한 전략이다."[17]

제이넵 투펙치는 통찰력이 돋보이는 『트위터와 최루가스』에서 디지털 시대에 잘못된 정보와 허위 정보를 퍼부어 온라인에 혼란을 퍼뜨리는 것이 실제로 전 세계 선전원들에게 대단히 믿음직한 전술이 되고 있다고 말한다.

"망으로 연결된 공적 영역에서 권력자의 목적은 대개 사람들에게 특정한 이야기가 진실임을 납득시키거나 특정한 정보가 새나가는 것을 막는 게 아니라(그러기는 점점 어려워지고 있다) 사람들 사이에 체념, 냉소주의, 권한이 없다는 느낌을 자아내는 것이다."[18] 이렇게 할 수 있는 방법은 다양하다고 투펙치는 말한다. 대중에게 정보를 쏟아붓고, 주의를 흩트릴 거리를 만들어내 관심과 집중력을 약화시키며, 정확한 정보를 제공하는 매체의 위신을 떨어뜨리고, 고의로 혼란과 공포와 의혹을 퍼뜨리며, 거짓말을 만들어내거나 주장하고, "반복 공격으로 신뢰할 만한 정보 전달기관이 작동하기 어렵게 만"드는 방법 등이 있다.

현대 러시아의 선전 대가인 전직 포스트모더니즘 연극 연출가 블라디슬라프 수르코프는 "푸틴 시대의 진정한 천재"[19]로 불린다. 그는 이런 온갖 기법을, 아니 그 이상을 이용해 기술자 출신인 푸틴이 집권하고 권력을 강화하도록 도왔다. 사실 2016년 미국 대통령 선거운동 동안 정교한 허위 정보 작전을 수행한 러시아 첩보원들의 첩보술은 수르코프의 무대 연출이 보여주는 특징을 다수 갖고 있다.

『진실한 것은 아무것도 없고 모든 것이 가능하다』를 쓴 언론인 피터 포메란체프는 수르코프가 러시아 정치를 리얼리티 쇼로 바꿔놓은 기획자라고 했다. 이 리얼리티 쇼에서는 "민주주의 제도가 민주적 자유 없이 유지"된다.

2014년 포메란체프는 "수르코프가 새로운 권위주의의 발명을 거들었다"[20]고 썼다. 이 새로운 권위주의는 "반대 세력을 위로부터 탄압하지 않고 다양한 이해집단에 올라타 내부로부터 그들을 조종하는 데 기초한다." 예를 들어 "블라디미르 지리놉스키 같은 국가주의 지도자는 그에 비해 푸틴이 온건하게 보이게 만들며 우파의 어릿광대 역을 한다."

포메란체프는 계속해서 이렇게 말했다. "한편으로 수르코프는 예전의 반체제 인사들로 이뤄진 인권단체를 지지했고, 다른 한편으로는 인권 지도자들을 서방의 도구라 비난하는 나시(Nashi) 같은 친크렘린 청년단체를 조직했다." 서로 대립하는 모든 편과 손잡고서 혼란을 불러일으키는 게, 크렘린이 모든 꼭두각시를 조종하며 허위 정보를 이용해서 현실을 새로 만들어내는 확실한 방법이었다.

이 같은 수르코프식의 조작이 소셜미디어에서 미국인과 미국의 풀뿌리 정치단체인 것처럼 가장해 2016년 미국 대통령 선거를 방해하려 한 러시아의 노력을 특징지었다.[21] 특별검사 로버트 뮬러가 제기한 37쪽의 기소장에 쓰인 대로, 이는 상트페테르부르크에 기반을 둔 악의적 댓글부대인 인터넷 리서치 에이전시에서 일하는 정보원 수백 명이 관여한 정교한 계획이었다. 일부가 거짓으로 위장해 미국을 방문하기도 한 이 정보원들은 수백 개의 가짜 소셜미디어 계정을 만들었다. 진짜 미국인인 체하며 러시아에 있는 자신의 위치를 숨기기 위해 미국 서버를 이용하고, 때로는 진짜 미국인의 신원을 훔쳤다. 이 러시아인들은 이런 허구의 가면을 이용해서 페이스북, 인스타그램, 트위터, 유튜브에 자료를 올려 팔로어들을 상당수 불렸다. 이들의 임무는 힐러리 클린턴(과 예비선거에서는 테드 크루즈와 마코 루비오)을 경멸하는 내용이 담긴 정보, 그리고 정치제도에 대한 전반적 불신을 퍼뜨리는 것이었다. 이민, 종교, 인종 같은 쟁점과 관련한 유권자

사이의 분열을 증폭시키는 데 더해, 트럼프의 인기를 높이고 클린턴의 인기를 해치는 가짜 뉴스를 퍼뜨렸다. 또 트럼프를 지지하는 많은 집회를 조직해 홍보하고 민주당에 사기를 당한 유권자에 대한 소문을 퍼뜨리는 일을 도왔으며, "미국의 소수집단이" 대통령 선거에서 "투표하지 않"거나 제3당 후보에 투표하도록 "부추기"기 시작했다.

러시아 정보원들의 일부 수법은 수르코프의 냉소주의적인 연출기법과 비슷해 보였다. 그들은 진짜 미국인을 모집해 힐러리 클린턴을 그린 팻말과 클린턴이 말했다는 "나는 이슬람법이 강력하고 새로운 자유의 지침이 되리라 생각한다"는 가짜 인용문을 들고 있게 했고, 미국인들을 고용해 트럭에 커다란 우리를 만들고 죄수복을 입은 클린턴으로 분장하게 했다.

러시아에서 수르코프의 목표는 항상 똑같다고 포메란체프는 《폴리티코》에서 주장했다. 즉 "총 1억 4,000만 명에 달하는 엄청난 인구가 게이와 신, 악마, 파시스트, CIA, 그리고 믿기지 않는 지정학적 악몽에 놀라 탄성을 지르며 계속 휘청거리게 만드는 것이다."[22] 나라가 언제나 휘청거리고 약간 과대망상을 갖게 해, 국민이 거기에 정신이 팔려서 "'강력한' 크렘린이 나라를 지켜주길 기대하"도록 조장하는 것이다.

수르코프는 연극과 홍보 양쪽에서 경력을 쌓았고, 또 아방가르드 예술가와 포스트모더니즘 사상가들을 언급하기 좋아하는 자칭 보헤미안이었다. 포메란체프의 말에 따르면, 수르코프는 러시아 텔레비전이 "저속한 푸틴 숭배 선전기관"[23]이 되도록 거들었다. 이 선전기관은 구소련의 텔레비전처럼 따분하거나 서투르지 않고, 서구의 오락거리를 러시아의 목적을 위해 무기화해서 겉보기에 현란하다.

수르코프가 조직한 크렘린의 선전은 행위예술과 같은 특성을 갖는다고 한다. 연출된 구경거리는 구소련류의 메시지를 전달하기보다, 혼란을 조장하고 실재와 허구의 경계를 흐리며 흔히 상반되는 다수의 이야기 흐름을 만들어내기 위한 것이었다. 푸틴과 수르코프의 러시아에는 공산주의 이념은 없고, 포메란체프가 말한 "권력을 위한 권력과 막대한 부의 축적"이 있을 뿐이다.

수르코프는 이런 허무주의적 전망을 위해 객관적 진실의 존재를 부인하는 논거를 들었다. 그는 "서구 문명의 합리주의 패러다임에서 위선은 불가피하다"고 썼다. "말은 이른바 실재를 반영하기에 너무 직선적이고 형식적"이기 때문이며 "아닌 척하는 것, 의도를 감추려 하는 것은 생물의 생존에 가장 중요한 기술"이기 때문이다. 호메로스의 고전에서 성실한 아킬레우스는 "교활한" 오디세우스보다 설득력이 덜하다고 수르코프는 말한다. 오디세우스는 거짓말과 속임수에 능한 트릭스터 영웅으로, 아킬레우스가 죽는 반면에 살아남는다. 모든 이야기는 불확정적이고 모든 정치인은 거짓말쟁이며, 따라서 크렘린(과 도널드 트럼프)이 만들어내는 대안사실은 다른 어느 누구의 사실만큼이나 타당하다고 수르코프는 말한다.

2017년 11월, 수르코프는 러시아 RT 사이트에 글을 발표했다.[24] 이 글은 데리다로부터 영향을 받은, 신뢰할 수 없는 언어 그리고 말과 의미 사이의 간극에 대한 논의를 언급하며 서구의 진실성과 투명성 개념이 소박하고 순진하다고 했다. 낮잡아보는 듯하면서 대단히 복잡한 이 글은 수르코프의 거래주의 세계관을 구체화하는데, 진실보다 아이러니, 성실함보다 속임수에 특권을 부여한다. 그러면서 헤비메탈 밴드 파이브 핑거 데스펀치 같은 팝을 잘 아는 듯이 들먹이며, 이 밴드의 곡 〈모두 싹 쓸어버려〉(Wash it all away)의 가사를 동의하듯 인용하고 있다.

수르코프의 글은 어째서 로마공화국이 로마제국으로 바뀌었는지 거들먹거리며 설명하면서 끝난다. 로마공화국이 "견제와 균형의 복잡한 체제"에 얽매여서 "단순하고 수직적인 제국의 도움"이 필요했기 때문에 실패했다는 것이다. 불길하게도, 수르코프는 미국 역시 "강력한 손"이 혼란으로부터 끌어내주길 기다리고 있다고 말한다. 이런 주장은 미국에서 추종자들을 모으고 있는, '새로운 반동주의' 또는 축약해서 'NRx'로 알려진 반민주주의 우파 철학의 생각을 똑같이 되풀이하고 있다.[25] 그것은 지도자를 아무런 구속을 받지 않는 CEO로서 국가를 운영하는 사람으로 승격시키는 구상을 갖고 있다.

수르코프는 RT에 발표한 글에 이렇게 썼다. "서구의 왕, 디지털 독재국가의 창시자, 반(半)인공지능을 가진 지도자가 이미 만화책에 예언되어 있다. 이런 만화책의 예언이 실현되지 않을 이유가 무엇일까?"

남의 불행에 쾌감을 느끼는 사람들*

9

약간의 무정부상태를 불러일으켜라.
기존 질서를 뒤엎어라, 그러면 모든 게 혼돈에 빠진다.
나는 혼돈의 대리인이다.
— 〈다크나이트〉의 조커

수르코프가 러시아의 허무주의를 서구에 퍼뜨리는 데 여념이 없어 보이는 동안, 미국은 반민주주의 원칙 그리고 진실에 대한 무시와 더불어 점점 팽배해지는 내부의 냉소주의를 붙들고 씨름하고 있었다. 게다가 21세기 첫 20년 동안 불신과 극우의 선동이 부채질하는 냉소주의가 자생의 허무주의로 굳어지고 있었다. 이것은 부분적으로 당파 싸움을 계속하면서 심히 제 기능을 하지 못하는 정치 체제에 대한 환멸이 낳은 부산물이었다. 또 부분적으로는 기술 변화, 세계화, 정보 과부하로 휘청거리는 세계에서 느끼는 탈구감을 보여주면서, 또 부분적으로는 저렴한 주택, 제대로 된 교육, 더 밝은 아이들의 미래라는 아메리칸드림의 기본 약속을 이룰 수 있다는 미국 중산층의 희망이 2008년 금융 위기 이후 꺾이고 있음을 반영한다. 너무 파장이 크기에 망하게 내버려둘 수가

★ schadenfreude. 손해를 뜻하는 '샤덴'(Schaden)과 기쁨을 뜻하는 '프로이데'(freude)를 합성한 말로, 남의 불행에 느끼는 쾌감을 뜻한다.

없는 은행들은 2008년 금융 위기의 대가를 거의 치르지 않은 반면, 많은 노동자들은 잃어버린 기반을 만회하려 여전히 애쓰고 있었다. 소득 불평등이 심화되고, 대학 교육비가 폭발적으로 인상되었으며, 저렴한 주택은 손에 넣을 수 있는 범위를 벗어나고 있었다.

이런 심리상태에서 많은 유권자들이 현 상황에 대한 트럼프의 공격에 쉽사리 흔들렸고, 일부 유권자들은 트럼프의 거래주의 정치와 파렴치함을 천박하게 합리화하려 들었다. 모든 정치인이 거짓말을 하는데, 왜 트럼프의 거짓말에만 극성을 떠는 걸까? 정글의 법칙이 지배하는 시대에, 왜 트럼프의 황금만능주의에만 극성을 떠는 걸까? 이런 면에서 도널드 트럼프는 위험한 기폭제인 만큼이나 시류의 징후다. 트럼프가 자신이 한 대부분의 약속을 놀랍도록 빠르게 깨버린 것은 많은 사람들의 냉소를 키웠을 뿐이다. 이런 분위기는 시민 참여에 도움이 되지 않고, 얄궂게도 우리의 이상과 제도에 대한 트럼프의 공격을 부채질한다.

트럼프가 책에서 분명히 보여준 대로, 그는 전적으로 공감 능력이 부족하고 서로 먹고 먹힌다는 세계관, 서로 죽이거나 죽임을 당하고 항상 되갚아준다는 세계관을 가지고 있었다. 이런 세계관은 군림하려 드는 아버지 프레드(트럼프에게 제로섬의 관점을 전해줬다)와 곤경에 빠지면 "공격하라"[1]고 조언한 초기의 멘토 로이 콘에 의해 형성되었다.

"세상은 끔찍한 곳이다."[2] 트럼프는 『빅씽킹』에서 말했다. "사자는 먹이를 위해 죽이지만 사람들은 스포츠를 위해 죽인다." "화재와 홍수 같은 비상사태에서 약탈하고, 죽이고, 훔치게 만드는 것과 똑같은 강렬한 탐욕이 평범한 일상인에게 매일 작동한다. 그것은 표면 바로 아래에 도사리고 있다가 전혀 예기치 않은 때, 대가리를 쳐들고 우리를 물어뜯는다. 받아들여라. 세상은 무자비한 곳이다. 사람들은 그저 재미로 또는 친구들에게 과시하려고 우리를 전멸시킨다."

트럼프는 주로 힐러리 클린턴, 버락 오바마, 제임스 코미, 언론, 정보기관, FBI, 사법부, 그리고 경쟁자 또는 위협으로 여기는 누구든, 그가 공격하는 사람들과 제도를 통해 자신을 규정한다. 트럼프는 이민자, 이슬람교도, 여성, 아프리카계 미국인을 모욕하면서 항상 적이나 희생양을 찾는 것 같다. 그의 많은 의제가 부정성에 의해, 다시 말해 의료보험과 환경보호를 포함한 오바마 대통령의 유산을 무효화하려는 욕구에 의해, 또한 린든 존슨 대통령이 1960년대 중반 위대한 사회* 정책을 시작한 이후 시행한 폭넓은 안전망과 시민의 자유 보호책을 해체하려는 욕구에 의해 추동된다. '미국을 다시 위대하게 만들자'라는 구호는 1950년대로, 다시 말해 시민권 운동, 여성운동, 성소수자의 권리, 그리고 '흑인의 삶도 중요하다'** 이전으로 시계바늘을 되돌리는 것으로 해석된다.

하지만 트럼프만이 이런 부정성과 무정부주의를 보이는

---

* Great Society. 빈곤과 인종 불평등을 일소하려는 린든 존슨 대통령의 정책을 말한다.
** Black Lives Matter. 아프리카계 미국인을 향한 폭력과 제도적 인종주의에 반대하는 사회운동이다.

건 아니다. 많은 공화당 의원들이 또한 이성, 상식, 신중한 정책 결정 과정을 포기하고 있다. 일부는 거액 기부자 때문에 세제법안에 투표했다고 노골적으로 인정했다. 국회의원 크리스 콜린스는 이렇게 말했다. "내 기부자들은 기본적으로 이렇게 말하고 있다. '그 일을 완수하거나 아니면 다시는 전화하지 마시오.'"[3] 의회는 이민 개혁 조치를 취하는 데 거듭 실패하고 있고, 비극적인 일이 이어지는데도 총기 규제 법안은 해마다 거부되고 있다.

트럼프 대통령에 대처하는 일과 관련해서는, 이들 많은 공화당원이 그야말로 묵살하고 있다. 늘어나는 거짓말, 한심하도록 자격이 없는 지명자의 정부 요직 임명, 수십 년간 이어온 국내외 정책의 무계획적이고 무신경한 철회, 무분별한 의사 결정을 모른 체한다. 핀천이 『중력의 무지개』에서 한 말을 빌리면, 무분별한 의사 결정은 흔히 "불만, 변덕, 망상, 완전히 멍청한 짓이 뒤얽힌 혼돈"[4]에서 나오는 것 같다. 그들은 트럼프의 능력이나 안정성에 대한 걱정을 기자에게 털어놓을지 모른다. 물론 비공개를 전제로 말이다. 하지만 트럼프의 기반과 더불어 자신들의 지위를 위태롭게 할지 모른다는 두려움에서 공개적으로 그렇게 말하지는 않을 것이다. 이런 냉소적 당파심은 정부에 대한 유권자들의 혐오를 자기 충족적 예언으로 만드는 데 기여할 뿐이다.

워싱턴의 허무주의는 좀더 만연한 정서의 메아리이면서 동시에 그 원인이다. 그것은 제도에 대한 신뢰의 상실, 그리고 법원직과 모든 규범과 전통에 대한 존경심의 상실을 반영한다. 예의의 상실, 즉 갈수록 자신과 의견이 다른 사람들을 존중하며 논쟁하지 못하는 우리의 무능력을 말해주는 징후면서, 우리가 점점 다른 사람들의 말을 믿어주고 정직한 실수의 여지를 주면서 정중히 들어주고 싶어하지 않음을 보여주는 징후다.

허무주의는 삶이 무작위이고 무의미하다는 감각으로, 결과에 대한 무심함과 결합되어 있다. 『위대한 개츠비』의 뷰캐넌 가족을 생각해보라. "그들은 무심한 사람들이었다. 톰과 데이지, 그들은 물건과 생명이 있는 존재를 박살 내고는 그들의 돈이나 크나큰 무심함 속으로, 아니면 냉정을 유지할 수 있는 것이라면 무엇이든 그 속으로 물러나버렸다. 그러고는 자신이 어질러놓은 것을 다른 사람들이 치우게 했다."[5] 허무주의는 『파이트클럽』과 의도적으로 혐오감을 주는 미셸 우엘벡의 소설이 불러일으킨 숭배와도 같은 인기, 코맥 매카시의 『노인을 위한 나라는 없다』와 닉 피졸라토의 HBO 방송 시리즈 '트루 디텍티브' 같은 암울하면서 뛰어난 작품들에 대한 주류의 공감에 반영되어 있다.

새로운 허무주의는 미국의 공개 기밀문서에서 미군과 접촉했을지 모르는 아프가니스탄 민간인들의 이름을 지우지 않은 위키리크스에서 드러난다.[6] 국제앰네스티 같은 인권단체들은 이런 조치가 이름이 밝혀진 사람들에게 "치명적인 결과"를 가져올 수 있다고 경고했다.

　새로운 허무주의는 가짜 뉴스 기사를 만들어 돈을 버는 사람들한테서 드러난다. 한 추산에 따르면, 이들은 온라인 광고로 한 달에 1만 달러 이상을 벌어들인다고 한다.[7] 미국 공영라디오방송(NPR)은 "힐러리 클린턴의 이메일을 유출한 것으로 의심받던 FBI 요원이 명백한 동반자살로 죽은 채 발견되었다"라는 제목을 단 완전히 허구의 기사가 50만 회 이상 페이스북에서 공유되었다고 전했다. 이것은 캘리포니아에 기반을 두고 가짜 뉴스 사이트 몇 군데를 감시하는 디스인포미디어라는 회사가 만든 것이었다. 미국 공영라디오방송은 디스인포미디어의 설립자가 저스틴 콜러라는 사람이라고 확인했다. 그는 가짜 뉴스를 퍼뜨리기가 얼마나 쉬운지 보여주기 위해 이 회사를 시작했고 자신이 '이 게임'을 즐긴다고 주장했다. 그는 자신과 자신의 필자들이 "진보주의자들과 비슷한 일을 하려 했다"고 말했지만, 그 노력의 결과가 트럼프 지지자를 겨냥한 가짜 뉴스 기사가 그랬던 식으로 입소문을 타지는 못했다.

　새로운 허무주의는 트럼프 행정부 국가안보회의 대변인 마이클 앤턴한테서도 드러난다. 그는 퍼블리어스 디시어스 머스라는 가명으로 '93편 항공기의 선거'라는 제목의 기사를 썼다. 이 기사에서 그는 2016년 유권자들의 처지를 2001년 9월 11일에 추락한 불운한 비행기에 탄 승객의 처지에 빗대고 트럼프에게 투표하는 행위를 비행기 조종석을 차지하는 행위에 빗댔다. "조종석을 차지하라, 아니면 죽는다."⁸ 앤턴은 이렇게 썼다. "우리는 어쨌든 죽을 것이다. 우리 또는 우리 당의 지도자가 조종석에 들어가더라도 비행하거나 착륙하는 방법을 모를 수도 있다. 확실히 보장된 건 없다, 한 가지 사실을 빼고는. 만약 우리가 시도하지 않는다면 죽음은 확실하다는 사실 말이다."

　새로운 허무주의는 샌디훅*에서 아이들이 살해돼 슬퍼하는 부모들과 이 사건을 두고 거짓말로 장난치는 이들을 고발한 부모들을 향한 악의적 공격, 그리고 파크랜드 학교 총기 난사 사건 생존 학생들을 향한 비슷한 공격과 같은, 말도 안 되는 잔인한 행동에서도 드러난다.⁹ 이런 사건들을 고려할 때, 트럼프 시대의 최고 인기어 가운데 하나가 아이러니를 무기화하다, 공포를 무기화하다, 밈을 무기화하다, 거짓말을 무기화하다, 세법을 무기화하다에서처럼 '무기화'인 것은 놀라운 일이 아니다.

　가장 끔찍한 인종차별과 성차별의 말, 그리고 심히 잔인한 말이 흔히 윙크나 조롱과 함께 소셜미디어에 올라온다. 그리고 그런 말을 한 사람들은 공개적으로 비판을 받으면 흔히 그냥 농담이라고 대응한다. 트럼프가 공격적인 발언을 하면 백악관 보좌관들이 그가 그냥 농담을 하는 거라거나 그의 말을 오해한 거라고 말하는 것과 아주 비슷한 식이다. 2016년 11월에 열린 한 극보수주의 회의에서 백인 우월주의자인 리처드 스펜서는 "하일 트럼프! 하일 미국 국민! 하일 승리!"¹⁰

★ 2012년 12월, 코네티컷주 샌디훅 뉴타운의 한 초등학교에서 무차별 총기 난사 사건이 일어나 범인인 애덤 랜자와 범인의 어머니를 포함해 모두 28명이 사망했다.

라고 외치며 연설을 끝마쳤다. 스펜서는 갑작스레 튀어나온 나치식 경례에 대해 질문을 받고서 "분명 아이러니의 정신과 열의에서 그랬다"고 대답했다.

앨리스 마윅과 리베카 루이스 연구원이 『온라인 미디어 조작과 허위 정보』에서 말한 대로, 아이러니하게 표현된 파시즘은 일종의 마약중독에 이르는 관문이 되는 초기 약물이 될 수 있다. 그것을 통해 아이러니가 아닌 진지한 파시즘에 이르게 될 수 있다. "포챈의 트롤이 두세 달 동안 다른 인종을 욕하는 말을 '아이러니하게' 사용한 후에는 진지한 백인 우월주의 주장을 좀더 흔쾌히 수용하게 될 수 있다."[11]

실제로 신나치 사이트인 데일리 스토머(The Daily Stormer)는 이 사이트에 글을 쓰는 사람들을 위한 글쓰기 지침을 가지고 있다고 《허핑턴포스트》가 보도했다.[12] 데일리 스토머는 "국가주의와 반유대주의 메시지를 대중에게 전파하는 것"을 목표로 하는 사이트다. 이 지침은 "항상 모든 것에 대해 유대인을 비난"하도록 제안하고, 허용되는 인종 비방용 표현 목록과 유머를 이용하라("이 사이트의 어조는 가벼워야 한다")는 오싹한 조언을 제공한다.

"세뇌되지 않은 사람들은 우리가 농담을 하는 건지 아닌지 알 수 없어야 한다"고 글쓰기 지침을 쓴 사람은 조언했다. "증오에 찬 인종차별주의자라는 정형화된 생각을 놀리는 것이라는 의식적 인식이 있어야 한다. 나는 이런 인식이 보통 자신을 비하하는 유머로 나타난다고 생각한다. 나는 인종차별주의자에 대한 정형화된 생각을 놀리는 인종차별주의자다. 나는 너무 진지하게 생각하지 않기 때문이다."

"이건 분명 놀이고 나는 사실 유대인 놈들을 가스실로 보내고 싶다. 하지만 그건 상관없다."

물론 트럼프는 성격에서나 습성에서나 트롤이다.[13] 트럼프의 트위터 메시시와 즉흥적인 조롱은 악의적 댓글의 본질을 보여준다. 그것은 분노와 불만에 차 고립된 채 심한 자기도취에 빠진 미성년자가 쏟아내는 거짓말, 경멸, 욕설, 모욕, 극단적이고 불합리한 결론이다. 이 미성년자는 자신이 만든 거품 속에 살면서 적을 맹공격해 자기가 가는 길에 격분과 경악을 구름처럼 일으켜 자신이 갈망하는 관심을 얻는다. 트럼프는 대통령이 되고 나서도 계속 개인과 제도를 공격하면서 모욕적인 말, 가짜 뉴스, 분명치 않은 암시를 트위터 메시지로 전하고 또 리트윗한다. 2017년 크리스마스이브에, 트럼프는 CNN이라는 딱지가 붙은 자기 신발 밑창의 피 얼룩을 보여주는 이미지를 리트윗해 다시 한 번 이 언론사를 모욕했다. 2013년 또 다른 트위터 사용자가 트럼프를 "트위터 전체에서 최고의 트롤"이라고 하자, 트럼프는 "엄청난 찬사로군!"이라고 답했다.

저널리스트 조슈아 그린은 2017년 폭로성이 강한 『악마의 홍정』에서 게이머게이트* 이후 스티브 배넌이 브라이트

★ Gamergate. 독립 게임 개발자인 조이 퀸이 2013년 출시한 게임에 관해 평론가들은 호평을 했지만, 실제 게임을 한 게이머들의 반응은 좋지 않았다. 2014년 조이 퀸의 전 애인이 퀸이 자신과 사귀면서 다섯 명의 남자와 바람을 피웠는데 그중 게임업계 종사자들이 있었다는 거짓 글을

바트에 대체로 백인인 소외된 젊은 게이머들을 많이 모집했다고 전했다.[14] 이들 가운데 많은 수가 처음부터 특별히 이념적으로 기울어져 있지는 않았으나, 체제를 폭파하고 싶어하고 트럼프를 동지로 여겼다. 그린은 이렇게 쓰고 있다. "트럼프 자신이 개구리 페페* 이미지와 백인 국가주의 트위터 계정에 때때로 올라오는 편지를 리트윗함으로써(트럼프 참모들은 항상 무심코 리트윗한 것이라고 주장했다) 대안우파가 동맹을 다지도록 도왔다."

어떤 트롤들은 상대주의 논의를 이용해, 대안사실의 홍보는 대화에 하나의 목소리를 더하는 것일 뿐이라고, 더 이상 객관적 진실 같은 건 없고 서로 다른 인식과 서로 다른 이야기 구성이 있을 뿐이라고 주장했다. 이들은 분명 포스트모더니즘 논의를 악의적으로 이용하고 있다. 하지만 사실 이들의 주장보다 더 음흉한 것은 해체주의를 이용해 폴 드 만이 1940년대에 친나치 간행물에 쓴 기사들이 실은 그것이 의미하는 것처럼 보이는 것을 의미하지 않는다고 주장해 그의 반유대주의를 둘러대려 한 옹호자들이다.

결국 해체주의는 철저한 허무주의다. 그것은 증거를 신중히 수집하고 판단해 가능한 최선의 진실을 확인하려는 저널리스트와 역사가의 노력이 헛수고라고 말한다. 이성이 낡은 가치라고, 언어는 소통의 도구가 아니라 지속적으로 그 자체를 전복하는 불안정하고 기만적인 인터페이스라고 말한

온라인에 올렸고, 이 글은 남초 커뮤니티로 퍼져 퀸 개인에 대한 사이버폭력, 증오집단에 의한 살인 협박, 강간 위협으로까지 발전했다.
★ Pepe the Frog. 맷 퓨리의 만화 『보이스 클럽』에 나오는 의인화된 개구리로, 현재 대안우파 운동의 캐릭터로도 사용되고 있다.

다. 해제주의 지지자들은 저자의 의도가 텍스트에 의미를 부여한다고 생각하지 않고, 의미는 독자/관찰자/수용자에 달려 있다고 생각한다. 크리스토퍼 버틀러가 말한 대로, 많은 포스트모더니스트들은 "근본적인 경제 구조에 귀속되는 원인보다 개별 인간 행위자의 중요성이 우선한다는 아주 새로운 부르주아의 신념"[15]을 홍보하기 위해 개인의 책임 개념이 과대평가되고 있다고 말하기까지 한다.

1960년대에 유럽과 미국에서 대인기를 누렸던 포스트모더니즘은 낡은 인문주의 전통의 전복을 제안하는 반권위주의 학설이었다. 데이비드 포스터 월리스가 1990년대 초에 말한 대로,[16] 아이러니, 자의식, 풍자라는 포스트모더니즘의 교의가 대중문화에 새어들었을 때, 그것을 1950년대 시트콤 〈비버에게 맡겨둬〉의 세계가 품고 있는 위선과 우쭐함에 대한 해독제로 볼 수 있을 것이다. 그것은 세계가 갈수록 부조리해 보이던 때에 낡은 신앙과 관습을 폭파하는 '반항아'의 수단이었다. 그것은 또 월리스 자신의 『무한한 재미』 같은 진정 독창적이고 대담한 예술로 이어졌다.

월리스는 현대 문화에 관한 긴 글에서 포스트모더니즘의 아이러니가 현 상황을 폭파하는 강력한 도구일 수 있는 반면, 기존의 지반을 청산하는 데는 능숙하지만 "그것이 폭로하는 위선을 대체하기 위한 무언가를 만들어내는 일에 관한 한" 대단히 "쓸모없는", 본질적으로 "비판적이고 파괴적인" 이론이라고 주장했다. 포스트모더니즘의 냉소주의가 전

파되면서 작가들은 진실과 "독창성, 깊이, 통합성 같은 복고적 가치"를 경계하게 되었다고 월리스는 썼다. 포스트모더니즘의 냉소주의는 "경멸의 후원자가 유행에 뒤떨어진 허위에 여전히 속고 있는 대중을 초월한 것"을 축하하면서 "경멸로 가득한 그를 경멸로부터" 보호해주었다. "내가 말하는 것은 사실 내가 뜻하는 바가 아니다"라는 태도를 받아들인 건, 자신이 정말로 편협한 사람은 아닌 체하고 싶은, 그냥 농담을 하는 체하는 극보수주의 트롤들이었다.

1993년 월리스는 유독한 포스트모더니즘의 아이러니를 상징하는 인물로 두 유명인을 들었다. 이들은 지금 돌이켜보면, 트럼프의 전조로 볼 수 있다. 첫 번째 인물은 1980년대 이스즈모터스 자동차 광고에 등장한, 농담 좋아하는 스타 조이스즈다. 월리스의 말을 빌리면, 조 이스즈는 "사악하고 느끼해 보이는 세일즈맨"으로 "이스즈 자동차가 커버는 진짜 라마 가죽이고 수돗물로 달릴 수 있다고 허풍을 떨었다." 이것은 정직하지 못한 세일즈맨에 대한 패러디다. 시청자들은 그의 "농담을 알아듣고 즐거워"한다. 조 이스즈는 "내 말을 믿으세요!"[17]라고 즐겨 말했다. 그가 이렇게 호언장담하는 화면 위로 "그는 거짓말을 하고 있습니다"라고 그의 말을 조용히 부인하는 글이 지나갔다. 월리스가 1990년대 포스트모더니즘의 아이러니를 대표하는 인물로 꼽은 두 번째 유명인은 러시 림보였다. 월리스는 러시 림보가 "윙크를 하고 슬쩍 찌르면서 그냥 농담인 체하는 혐오"를 구현한다고 말했다.

"풍사, 냉소주의, 미친 듯한 권태감, 모든 권위에 대한 의심, 모든 행동 제약에 대한 의혹, (진단하고 조롱하기만 하는 게 아니라 회복하려고 하는) 야망 대신 불화에 대한 아이러니한 진단에의 지독한 애호"라는 포스트모더니즘의 유산이 우리 문화에 흘러 들어왔다고 윌리스는 주장했다. "이런 것들이 문화에 스며들었음을 알아야 한다. 그것이 우리의 언어가 되었다." 즉 "포스트모더니즘의 아이러니가 우리의 환경이 되었다." 우리가 헤엄치는 물이 된 것이다.

나가며

닐 포스트먼은 1985년 명석함을 보여주는 『죽도록 즐기기』에서 이렇게 주장했다. "기술 진보에 의한 주의산만은 전기 플러그로 인해 가능해졌다."[1] 이것이 우리의 문화 담론을 더욱 사소하고 더욱 하찮게 만들면서 영원히 바꿔놓고 있으며, 전달하는 정보를 "단순하고 비본질적이며 비역사적이고 맥락 없는, 바꾸어 말해 오락처럼 꾸려진 정보"로 만들어놓고 있다.

포스트먼은 이렇게 썼다. "우리의 성직자와 대통령, 의사와 변호사, 교육자와 뉴스캐스터는 필요한 수련을 충족시키는 것보다 능숙한 쇼맨십의 요구를 충족시키는 걸 걱정해야 한다."[2]

포스트먼이 말한 '전기 플러그'는 텔레비전을 의미하지만, 그의 관찰은 인터넷 시대에 훨씬 더 적절히 적용된다. 인터넷 시대에는 데이터 과부하로 인해 가장 번쩍거리는 것,

다시 말해 가장 큰 목소리, 가장 충격적인 견해가 우리의 주의를 사로잡아 조회수를 가장 많이 올리고 입소문을 가장 많이 탄다.

포스트먼은 『죽도록 즐기기』에서 올더스 헉슬리가 『멋진 신세계』에서 그린 디스토피아의 전망을, 조지 오웰이 『1984년』에서 만들어낸 디스토피아의 전망과 비교했다. 『멋신 신세계』에서는 사람들이 마약과 시시한 오락거리들로 인해 무감각해져 최면에 걸린 삶을 살고, 『1984년』에서는 빅브라더의 탄압적인 독재정권 아래서 살아간다.

포스트먼은 이렇게 썼다. "오웰은 우리에게서 정보를 빼앗는 사람들을 두려워했고, 헉슬리는 너무 많은 정보를 줘서 우리가 수동적이고 이기적인 인간으로 쪼그라들게 하는 사람들을 두려워했다. 오웰은 진실이 은폐되는 것을 두려워했다. 헉슬리는 진실이 무의미의 바다에서 익사할 것을 두려워했다."[3]

포스트먼이 알았던 대로, 헉슬리의 디스토피아는 이미 20세기 후반에 실현되고 있었다. 전체주의 국가에 대한 오웰의 두려움은 소비에트연방에 적용되는 것이었던 반면, 서구 자유민주주의에 대한 위협(이때가 1985년이었음을 기억하라)을 더 잘 대변하는 것은 "사람들이 공공연하고 사소한 일들"로 인해 무감각해져 책임 있는 시민으로서 참여하지 못하는 헉슬리의 악몽이라고 포스트먼은 주장했다.[4]

이런 포스트먼의 관찰은 시대에 앞선 것이었는데, 조지

손더스가 이를 그대로 되풀이했다. 조지 손더스는 「우둔한 확성기」라는 글에서 수년간 O. J. 심슨*과 모니카 르윈스키에 대한 보도로 국민의 담론 수준이 위험하리만치 저하되었다고 주장했다. 우리의 영어가 지나치게 단순화된 동시에 "공격적이고, 불안을 유발하며, 감상적이고, 분열을 초래하"[5]게 되어 이라크를 침공할지 말지에 대한 진지한 논의를 하려 할 때 "우리는 무방비 상태였다." 우리 손에 가진 것이라고는 "O. J. 등에 대해 이야기하는 데 사용하던 조잡하고 과장된 도구"뿐이었다고 손더스는 썼다. 손더스가 인간 확성기(Megaphone Guy)라 부른, 큰 소리로 모든 걸 아는 체하지만 아무것도 모르는 인물이 내지르는 잡소리 말이다. 확성기에 대고 고함치는 이 인물의 지적 수준은 "우둔한" 정도인데 그 음량은 "다른 모든 걸 떠내려 보"낼 정도다.

포스트먼은 헉슬리에 대해, 그리고 새로운 주의산만의 시대에 대해 (헉슬리만큼) 선견지명이 있는 관찰을 보여준다. 그러나 오웰이 그린 디스토피아의 유의미성을 과소평가한 것도 분명하다. 또는 아마도 트럼프와 그의 행정부가 진실 개념에 가한 공격이 『1984년』을 다시 한 번 시의성 있게 만든 것은 사실이다.[6] 독자들은 트럼프가 취임 선서를 한 달에 『1984년』과 한나 아렌트의 『전체주의의 기원』을 베스트셀러 목록에 올려 이를 인정했다.

트럼프의 거짓말, 현실을 재규정하려는 노력, 규범과 원칙과 전통의 위반, 혐오 발언의 주류 편입, 언론과 사법부와

★ Orenthal James Simpson. 미국 최고 스포츠 스타 가운데 한 사람이던 미식축구 선수로, 1994년 이혼한 전처와 식당 종업원을 살해한 혐의로 기소되어 많은 논란 끝에 무죄 판결을 받았다.

선거제도에 대한 공격, 이 모두가 민주주의 감시 단체인 프리덤 하우스가 트럼프 행정부 출범 첫해에 "미국의 민주주의 수준이 기억에 남아 있는 다른 어느 때보다도 더 한층, 더 빠르게 저하"[7]되었다고 경고한 이유다. 또 빅브라더가 모든 서사를 통제하고 현재와 과거를 규정하려 하는 전체주의 국가에 대한 오웰의 묘사가 새로이 유의미해지는 이유이기도 하다.

트럼프는 종종 이솝 우화를 혼자 이끌어가는 것 같다. 이 우화에서 "개와 친하면 옷에 흙칠 한다"(나쁜 사람을 가까이 하면 해를 입는다)나 "자기 정체를 드러내지 않는 사람은 믿지 마라" 같은 교훈을 쉽사리 읽어낼 수 있다. 하지만 트럼프는 미국의 대통령이기에, 그의 행동의 결과가 단지 정곡을 찌르는 교훈에서 그치지 않는다. 그러기는커녕, 엄청난 쓰나미처럼 물결을 일으켜 수많은 사람들의 삶에 커다란 혼란을 일으킨다. 트럼프가 퇴임하고 나면, 그가 미국의 제도와 대외정책에 입힌 손상을 바로잡는 데 오랜 기간이 걸릴 것이다. 트럼프의 당선은 정치에서 커져가는 당파성부터 소셜미디어의 많은 가짜 기사와 우리를 고립시키는 필터버블까지 사회의 큰 역학관계를 반영한다. 그런 만큼, 트럼프가 현장을 떠난다고 하더라도 진실이 건강과 안녕을 회복하지는 못할 것이다. 적어도 당장은 말이다.

　필립 로스는 "21세기에 미국에 들이닥칠 대참사, 최악의

재난"[8]이 "코메디아 델라르테*의 기분 나쁘게 조롱하고 자랑하기 좋아하는 어릿광대"한테서 일어나리라고는 상상하지 못했다고 말했다. 트럼프의 조롱, 모든 게 자신을 중심으로 돌아가게 만드는 자기도취적 능력, 터무니없는 거짓말, 지독한 무지는 그의 이야기가 좀더 지속적으로 미치는 영향으로부터 우리의 주의를 쉽사리 흩트릴 수 있다. 공화당 의원들은 미국 건국자들이 정초한 견제와 균형이라는 개념 자체를 트럼프가 얼마나 쉽사리 약화시키도록 내버려두었던가. 미국 국민의 3분의 1이 헌법에 대한 트럼프의 공격을 순순히 받아들이지 않았던가. 역사와 시민론 교육이 심각하게 위축된 문화 속에 러시아의 허위 정보가 얼마나 쉽사리 뿌리를 내렸던가.

조지 워싱턴의 1796년 고별 연설은 현재 미국이 맞닥뜨린 위험에 대해 으스스하리만치 놀라운 통찰력을 보여주었다. 조지 워싱턴은 신생국인 미국의 미래를 보장하려면 헌법을 보호하고, 자신과 다른 건국자들이 아주 신중히 만든 정부 내 권력의 분립과 균형을 파괴하려는 활동들에 대해 방심하지 말아야 한다고 말했다.

    워싱턴은 "교활하고 야심 차며 파렴치한 인물"[9]의 출현을 경고했다. 그 인물이 "국민의 권력을 와해시"켜 "스스로 정권을 빼앗은 후 자신에게 부당한 지배권을 쥐어준 바로 그 엔진을 파괴하"려 들지 모른다는 것이다.

★ Commedia dell'arte. 16세기부터 18세기에 걸쳐 이탈리아에서 발달한 가벼운 희극으로, 등장인물들은 대부분 일정한 유형이 있어서 정해진 가면과 의상을 걸친다.

워싱턴은 "방심할 수 없는 외세의 책략", 그리고 좋아하는 외국 국가에 헌신해 미국의 "이익을 배신하거나 희생시키는" "야심 차거나 부패하거나 기만에 빠진 시민"의 위험성에 대해 경고했다.

마지막으로, 워싱턴은 "당파심의 끊임없는 폐해"에 대해 경고했다. 그것은 "근거 없는 질시와 오경보"로 갈등을 일으킨다. 워싱턴은 또 동부 대 서부, 북부 대 남부, 주정부 대 연방정부식의 파벌주의가 국가 통합에 제기하는 위험에 대해서도 경고했다. 시민은 "우리 국가의 일부를 나머지로부터 소외시키거나 현재 다양한 부분들을 서로 연결하는 신성한 유대관계를 약화시키려는 온갖 시도에 대해 애초부터" 분연히 나서 반대 의사를 표명해야 한다고 워싱턴은 말했다.

미국의 건국 세대는 "공동선"에 대해 자주 말했다. 워싱턴은 시민들에게 모두가 함께 미국독립혁명에서 싸운 이유였던 "공동의 관심사"와 "공동의 이해"와 "공동의 목적"을 상기시켰다. 토머스 제퍼슨은 대통령 취임 연설에서 "공동선을 위한 공동의 노력 속에"[10] 일체가 되는 신생국에 대해 이야기했다. 공동의 목적과 공유하는 현실감각은 이질적인 주와 지역들을 함께 묶어주었기 때문에 중요했고, 여전히 국민적 대화에서 필수다. 이는 트럼프 대통령과 러시아인들과 대안우파 트롤들이 조지 워싱턴이 우리에게 경고한 파벌주의를 조장하려 애쓰는 오늘날의 상황에서 특히 그렇다. 저들은 인종과 민족과 종교의 구분을 두고 사람들 사이, 공화당을 지지하는 주와 민주당을 지지하는 주 사이, 소도시와 대도시 사이의 분열을 자극하려 애쓰고 있다.

쉬운 해결책이란 없다. 하지만 시민들은 독재자와 권력에 굶주린 정치인들이 저항을 와해시키기 위해 의존하는 냉소주의와 체념을 반드시 거부해야 한다. 플로리다주 파크랜드에서 일어난 학살 사건에서 살아남은 용기 있는 학생들이 그렇게 했다. 이들은 많은 어른들이 가진 파벌주의를 거부했다. 슬픔을 행동으로 바꿔 국민적 대화를 변화시키면서, 실제적인 총기 규제 법안이 제정돼 자신들이 경험한 테러와 상실을 다른 사람들이 겪지 않도록 방지하는 데 도움이 될 수 있도록 하는 일에 앞장서고 있다.

동시에, 시민들은 미국 건국자들이 민주주의의 지붕을 떠받치기 위한 기둥으로서 만든 제도를 돌보고 보호해야 한다. 정부의 삼권인 행정부, 입법부, 사법부는 조지 워싱턴의 말을 빌리자면 서로 '상호 견제'하는 역할을 해야 한다.[11] 교육과 자유로이 독립된 언론은 미국 건국자들이 동의한 민주주의의 다른 두 가지 초석으로, 국민이 정보를 얻어 정치 지도자를 현명하게 선택할 수 있으려면 대단히 중요하다.

제퍼슨은 이 신생 공화국이 다음과 같은 명제에 근거를 두었기 때문이라고 썼다. "인간은 이성과 진실의 지배를 받을 것이고",[12] "따라서" 우리의 "첫 번째 목적은 진실에 모든 길을 열어놓는 것이어야 한다. 이를 위해 지금까지 찾아낸 것 가운데 가장 효과적인 수단은 언론의 자유다. 그렇기 때문에 자기 행위를 조사하는 일을 두려워하는 사람들은 가장 먼저 언론의 입을 다물린다."

제퍼슨은 계속해서 다음과 같이 썼다. "그러므로 나는 확신한다. 진실의 문을 여는 것과 이성으로써 모든 것을 살피는 습관을 강화하는 것이, 우리 후손들이 스스로 동의해 국민을 속박하는 일을 방지하기 위해 그 손에 채울 수 있는 가장 효과적인 수갑임을."

4대 미국 대통령인 제임스 매디슨은 다소 간단명료하게 이렇게 썼다. "국민이 공유하는 정보 또는 그것을 얻을 수단이 없는 국민의 정부는 소극(笑劇) 또는 비극의 프롤로그, 아니면 둘 다의 프롤로그일 뿐이다."[13] 공화당 지지자의 사실과 민주당 지지자의 사실이 아닌, 오늘날 이념적 저장탑에 고립된 사람들의 대안사실이 아닌, 공통으로 동의한 사실 없이는 정책에 대한 합리적 논의가 있을 수 없고, 정치 공무원 후보자를 평가할 실질적 수단이 없으며, 선출직 공무원들이 국민에 대해 책임지게 할 방법도 없다. 진실이 없으면 민주주의는 절름발이다. 미국 건국자들은 이를 알았고, 오늘날 민주주의를 살리려는 사람들도 이를 알아야 한다.

주

들어가며

1 Hannah Arendt, *The Origins of Totalitarianism*(New York: Harcourt, 1973), 474.

2 Margaret Atwood, "My Hero: George Orwell," *Guardian*, Jan. 18, 2013.

3 Hannah Arendt, "Lying in Politics," in *Crises of the Republic*(New York: Harcourt, 1972), 6.

4 Jennifer Kavanagh and Michael D. Rich, *Truth Decay: An Initial Exploration of the Diminishing Role of Facts and Analysis in American Public Life*(Rand Corporation, 2018).

5 Glenn Kessler and Meg Kelly, "President Trump Made 2,140 False or Misleading Claims in His First Year," *Washington Post*, Jan. 10, 2018.

6 Anoosh Chakelian, "Boris Johnson Resurrects the Leave Campaign's £350M for NHS Fantasy," *New Statesman*, Sept. 16, 2017.

7 Pope Francis, "Message of His Holiness Pope Francis for World Communications Day," Jan. 24, 2018, http://w2.vatican.va/content/francesco/en/messages/communications/documents/papa-francesco_20180124_messaggio-comunicazioni-sociali.html.

8 Jessica Estepa and Gregory Korte, "Obama Tells David Letterman: People No Longer Agree on What Facts Are," *USA Today*, Jan. 12, 2018.

9 "Read Sen. Jeff Flake's Speech Criticizing Trump," *CNN Politics*, Jan. 17, 2018.

10 Philip Bump, "Assessing a Clinton Argument That the Media Helped to Elect Trump," *Washington Post*, Sept. 12, 2017.

11 Maggie Haberman, Glenn Thrush, and Peter Baker, "Inside Trump's Hour-by-Hour Battle for Self-Preservation," *New York Times*, Dec. 9, 2017.

12 David Barstow, "Donald Trump's Deals Rely on Being Creative with the Truth," *New York Times*, July 16, 2016.

13 "An American Original," *Vanity Fair*, Nov. 2010.

14 Sally Yates, "Who Are We as a Country? Time to Decide," *USA Today*, Dec. 19, 2017.

1 이성의 쇠퇴와 몰락

1 youtube.com/watch?v=IxuuIPcQ9_I.

2 Abraham Lincoln, "The Perpetuation of Our Political Institutions," Address Before the Young Men's Lyceum of Springfield, Ill., Jan. 27, 1838, abraham lincolnonline.org.

3 Alexander Hamilton, "Objections and Answers Respecting the Administration of the Gov-ernment," Aug. 18, 1792, founders. archives.gov.

4 Martin Luther King Jr., *Stride Toward Freedom*, in *A Testament of Hope: The Essential Writings and Speeches of Martin Luther King Jr.*, ed. James M. Washington(San Francisco: HarperCollins, 1991), 472.

5 Barack Obama, "What I See in Lincoln's Eyes," CNN, June 28, 2005.

6 George Washington, Inaugural Address, Apr. 30, 1789.

7 Philip Roth, *American Pastoral*(New York: Vintage, 1988), 86.

8 Richard Hofstadter, *The Paranoid Style in American Politics, and Other Essays*(1965; New York: Vintage, 2008), 3.

9 Ibid., 4.

10 "McCarthy-Welch Exchange," June 9, 1954, americanrhetoric.com.

11 McCarthy to Truman, Feb. 11, 1950, telegram, archives.gov.

12 Hofstadter, *Paranoid Style in American Politics*, 39.

13 *Encyclopaedia Britannica*, s.v. "Know-Nothing Party."

14 Hofstadter, *Paranoid Style in American Politics*, 39.

15 Ishaan Tharoor, "Geert Wilders and the Mainstreaming of White Nationalism," *Washington Post*, Mar. 14, 2017; Elisabeth Zerofsky, "Europe's Populists Prepare for a Nationalist Spring," *New Yorker*, Jan. 25, 2017; Jason Horowitz, "Italy's Populists Turn Up the Heat as Anti-Migrant Anger Boils," *New York Times*, Feb. 5, 2018.

16 Ed Ballard, "Terror, Brexit, and U.S. Election Have Made 2016 the

Year of Yeats," *Wall Street Journal*, Aug. 23, 2016.

17   William Butler Yeats, "The Second Coming," poetryfoundation.org.

18   "Tea Party Movement Is Full of Conspiracy Theories," *Newsweek*, Feb. 8, 2010.

19   Ariel Malka and Yphtach Lelkes, "In a New Poll, Half of Republicans Say They Would Support Postponing 2020 Election If Trump Proposed It," *Washington Post*, Aug. 10, 2017.

20   Melissa Healy, "It's More Than the 'Rigged' Election: Voters Across the Political Spectrum Believe in Conspiracy Theories," *Los Angeles Times*, Nov. 3, 2016; Shankar Vedantam, "More Americans Than You Might Think Believe in Conspiracy Theories," NPR, June 4, 2014.

21   Eric Bradner, "Trump Praises 9/11 Truther's 'Amazing' Reputation," *CNN Politics*, Dec. 2, 2015.

22   Maggie Haberman, Michael D. Shear, and Glenn Thrush, "Stephen Bannon Out at the White House After Turbulent Run," *New York Times*, Aug. 18, 2017.

23   Haberman, Thrush, and Baker, "Inside Trump's Hour-by-Hour Battle for Self-Preservation."

24   Greg Miller, Greg Jaffe, and Philip Rucker, "Doubting the Intelligence, Trump Pursues Putin and Leaves a Russian Threat Unchecked," *Washington Post*, Dec. 14, 2017; Carol D. Leonnig, Shane Harris, and Greg Jaffe, "Breaking with Tradition, Trump Skips President's Written Intelligence Report and Relies on Oral Briefings," *Washington Post*, Feb. 9, 2018.

25   Charlie Warzel and Lam Thuy Vo, "Here's Where Donald Trump Gets His News," *BuzzFeed*, Dec. 3, 2016; Dean Obeidallah, "Trump Talks Judgment, Then Cites National Enquirer," CNN, May 4, 2016.

26   Haberman, Thrush, and Baker, "Inside Trump's Hour-by-Hour Battle for Self-Preservation."

27   Alex Thompson, "Trump Gets a Folder Full of Positive News About Himself Twice a Day," *Vice News*, Aug. 9, 2017.

28   Benjamin Hart, "Trump on Unfilled State Department Jobs: 'I Am the Only One That Matters,'" *New York*, Nov. 3, 2017; Bill Chappell, "'I'm the Only One That Matters,' Trump Says of State Dept. Job Vacancies," The Two-Way, NPR, Nov. 3, 2017.

29   Lydia Saad, "Americans Widely Support Tighter Regulations on Gun Sales," Gallup, Oct. 17, 2017.

30   Max Greenwood, "Poll: Nearly 9 in 10 Want DACA Recipients to Stay in US," *Hill*, Jan. 18, 2018.

31   Harper Neidig, "Poll: 83 Percent of Voters Support Keeping FCC's Net Neutrality Rules," *Hill*, Dec. 12, 2017; Cecilia Kang, "F.C.C. Repeals Net Neutrality Rules," *New York Times*, Dec. 14, 2017.

32   Susan Jacoby, *The Age of American Unreason*(New York: Pantheon, 2008), 307; Farhad Manjoo, *True Enough: Learning to Live in a Post-Fact Society*(Hoboken, N.J.: Wiley, 2008); Andrew Keen, *The Cult of the Amateur: How Today's Internet Is Killing Our Culture*(New York: Doubleday, 2007).

33   Jacoby, *Age of American Unreason*, xviii.

34   Ibid., 307.

35   Al Gore, *The Assault on Reason*(New York: Penguin Press, 2007), 1.

36   Ibid., 38-39.

37   Michiko Kakutani, "How Feuds and Failures Affected American Intelligence," *New York Times*, June 18, 2004; Michiko Kakutani, "All the President's Books(Minding History's Whys and Wherefores)," *New York Times*, May 11, 2006; Julian Borger, "The Spies Who Pushed for War," *Guardian*, July 17, 2003; Jason Vest and Robert Dreyfuss, "The Lie Factory," *Mother Jones*, Jan./Feb. 2004; Seymour M. Hersh, "Selective Intelligence," *New Yorker*, May 12, 2003; Michiko Kakutani, "Controversial Reports Become Accepted Wisdom," *New York Times*, Sept. 28, 2004; Dana Milbank and Claudia Deane, "Hussein Link to 9/11 Lingers in Many Minds," *Washington Post*, Sept. 6, 2003.

38   Kakutani, "All the President's Books."

39   Ken Adelman, "Cakewalk in Iraq," *Washington Post*, Feb. 13, 2002.

40   Michiko Kakutani, "From Planning to Warfare to Occupation, How Iraq Went Wrong," *New York Times*, July 25, 2006.

41   Eugene Kiely, "Donald Trump and the Iraq War," FactCheck.org, Feb. 19, 2016.

42   Philip Rucker and Robert Costa, "Bannon Vows a Daily Fight for 'Deconstruction of the Administrative State,'" *Washington Post*, Feb. 23, 2017.

43   Victor Cha, "Giving North Korea a 'Bloody Nose' Carries a Huge Risk to Americans," *Washington Post*, Jan. 30, 2018.

44   Bill Chappell, "World's Regard for U.S. Leadership Hits Record Low in Gallup Poll," NPR, Jan. 19, 2018; Laura Smith-Spark, "US Slumps in Global Leadership Poll After Trump's 1st Year," CNN, Jan. 18, 2018.

45   Michiko Kakutani, "The Cult of the Amateur," *New York Times*, June 29, 2007.

46   Tom Nichols, *The Death of Expertise: The Campaign Against Established*

Knowledge and Why It Matters (New York: Oxford University Press, 2017), 20.

47   Ibid., 11.

48   Carlos Ballesteros, "Trump Is Nominating Unqualified Judges at an Unprecedented Rate," *Newsweek*, Nov. 17, 2017; Paul Waldman, "Donald Trump Has Assembled the Worst Cabinet in American History," *The Plum Line* (blog), *Washington Post*, Jan. 19, 2017; Travis Waldron and Daniel Marans, "Donald Trump's Cabinet Is on Track to Be the Least Experienced in Modern History," *Huffington Post*, Nov. 24, 2016.

49   Tom DiChristopher, "Trump Once Again Seeks to Slash Funding for Clean Energy in 2019 Budget," CNBC, Jan. 31, 2018.

50   Brady Dennis, "Scott Pruitt, Longtime Adversary of EPA, Confirmed to Lead the Agency," *Washington Post*, Feb. 17, 2017; Umair Irfan, "Scott Pruitt Is Slowly Strangling the EPA," Vox, Jan. 30, 2018.

51   Alan Rappeport, "C.B.O. Head, Who Prizes Nonpartisanship, Finds Work Under G.O.P. Attack," *New York Times*, June 19, 2017; Steven Rattner, "The Boring Little Budget Office That Trump Hates," *New York Times*, Aug. 22, 2017.

52   Lena H. Sun and Juliet Eilperin, "CDC Gets List of Forbidden Words: Fetus, Transgender, Diversity," *Washington Post*, Dec. 15, 2017.

53   George Orwell, *1984* (New York: Harcourt, Brace, 1949), 193.

54   Lisa Friedman, "Syria Joins Paris Climate Accord, Leaving Only U.S. Opposed," *New York Times*, Nov. 7, 2017.

55   Lisa Friedman, "Expect Environmental Battles to Be 'Even More Significant' in 2018," *New York Times*, Jan. 5, 2018.

56   "President Trump's War on Science," *New York Times*, Sept. 9, 2017; "Attacks on Science," Union of Concerned Scientists, ucsusa.org; Tanya Lewis, "A Year of Trump: Science Is a Major Casualty in the New Politics of Disruption," *Scientific American*, Dec. 14, 2017; Joel Achenbach and Lena H. Sun, "Trump Budget Seeks Huge Cuts to Science and Medical Research, Disease Prevention," *Washington Post*, May 23, 2017; Julia Belluz, "The GOP Tax Plan Would Blow a Hole in American Science," Vox, Dec. 11, 2017.

57   Brady Dennis, "Trump Budget Seeks 23 Percent Cut at EPA, Eliminating Dozens of Programs," *Washington Post*, Feb. 12, 2018.

58   "Marchers Around the World Tell Us Why They're Taking to the Streets for Science," *Science*, Apr. 13, 2017.

59   "How Will Leaving the EU Affect Universities and Research?," *Brexit Means . . .* (podcast), *Guardian*, Sept. 13, 2017.

60 "Marchers Around the World Tell Us Why They're Taking to the Streets for Science."

61 Stefan Zweig, *The World of Yesterday* (New York: Viking Press, 1943), loc. 5297, 346, Kindle.

62 Ibid., 419, 425, 924.

63 Ibid., 403, 5352.

64 Ibid., 5378, 5586.

65 Ibid., 1269, 5400.

66 Ibid., 2939.

67 Ibid., 5378.

2   새로운 문화전쟁

1 David Lehman, *Signs of the Times: Deconstruction and the Fall of Paul de Man* (New York: Posei don Press, 1991), 75. See also Michiko Kakutani, "Bending the Truth in a Million Little Ways," *New York Times*, Jan. 17, 2006.

2 David Foster Wallace, "Host: Deep into the Mercenary World of Take-No-Prisoners Political Talk Radio," *Atlantic*, Apr. 2005.

3 Stephen Collinson and Jeremy Diamond, "Trump Again at War with 'Deep State' Justice Department," *CNN Politics*, Jan. 2, 2018.

4 Donald J. Trump, "Remarks at a Rally at Waukesha County Expo Center in Waukesha, Wisconsin," Sept. 28, 2016. Online by Gerhard Peters and John T. Woolley, *The American Presidency Project*, presidency. ucsb.edu/ws/index.php?pid=119201.

5 Ben Illing, "Trump Ran as a Populist. He's Governing as an Elitist. He's Not the First," *Vox*, June 23, 2017.

6 Andrew Marantz, "Trolls for Trump," *New Yorker*, Oct. 31, 2016.

7 Christopher Butler, *Postmodernism* (New York: Oxford University Press, 2002), 15.

8 Andrew Hartman, *A War for the Soul of America: A History of the Culture Wars* (Chicago: University of Chicago Press, 2015), 285.

9 Ishaan Tharoor, "Fukuyama's 'Future of History': Is Liberal Democracy Doomed?," *Time*, Feb. 8, 2012.

10 Freedom House, *Freedom in the World 2017*, freedomhouse.org.

11 Ishaan Tharoor, "The Man Who Declared the 'End of History' Fears for Democracy's Future," *Washington Post*, Feb. 9, 2017.

12 Jasmine C. Lee and Kevin Quealy, "The 425 People, Places, and

Things Donald Trump Has Insulted on Twitter: A Complete List,"
New York Times, Jan. 3, 2018.

13 Donie O'Sullivan, "Russian Trolls Created Facebook Events Seen by
More Than 300,000 Users," CNN, Jan. 26, 2018.

14 William J. Barber and Jonathan Wilson-Hartgrove, "Evangelicals
Defend Trump's Alleged Marital Infidelity. But His Infidelity to
America Is Worse," NBC News, Jan. 30, 2018.

15 Jennifer Hansler, "Conservative Evangelical Leader: Trump Gets a
'Mulligan' on His Behavior," CNN, Jan. 23, 2018.

16 Allan Bloom, *The Closing of the American Mind* (New York: Simon &
Schuster, 1987), 314.

17 Gertrude Himmelfarb, *On Looking into the Abyss: Untimely Thoughts on
Culture and Society* (New York: Knopf, 1994), 135.

18 Joyce Appleby, Lynn Hunt, and Margaret Jacob, *Telling the Truth About
History* (New York: W. W. Norton, 1994), 8.

19 Shawn Otto, *The War on Science: Who's Waging It, Why It Matters, What
We Can Do About It* (Minneapolis: Milkweed, 2016), 180–81.

20 Ibid., 177.

21 George Orwell, "Looking Back on the Spanish War," *A Collection of
Essays* (New York: Houghton Mifflin Harcourt, 1981), 199.

22 Deborah E. Lipstadt, *Denying the Holocaust: The Growing Assault on Truth
and Memory* (New York: Free Press, 1993), loc. 19, Kindle. See also
Michiko Kakutani, "When History Is a Casualty," *New York Times*, Apr.
30, 1993.

23 Michiko Kakutani, "The Pro-Nazi Past of a Leading Literary Critic,"
New York Times, Feb. 19, 1991.

24 Jon Wiener, "Deconstructing de Man," *Nation*, Jan. 9, 1988; Robert
Alter, "Paul de Man Was a Total Fraud," *New Republic*, Apr. 5, 2014;
Evelyn Barish, *The Double Life of Paul de Man* (New York: Liveright,
2014).

25 Barish, *Double Life of Paul de Man*; Jennifer Schuessler, "Revisiting a
Scholar Unmasked by Scandal," *New York Times*, Mar. 9, 2014; Louis
Menand, "The de Man Case," *New Yorker*, Mar. 24, 2014.

26 Lehman, *Signs of the Times*, 163-64.

27 Ibid., 180.

28 Kakutani, "Pro-Nazi Past of a Leading Literary Critic" Paul de
Man, "The Jews in Contemporary Literature," *Le Soir*, Mar. 4, 1941,
reprinted in Martin McQuillan, *Paul de Man* (New York: Routledge,
2001).

29   Kakutani, "Pro-Nazi Past of a Leading Literary Critic."

30   Lehman, *Signs of the Times*, 137, 158, 234.

31   Ibid., 238, 239, 243, 267.

32   David Brunnstrom, "Ahead of Trump Meeting, Abe Told Not to Take Campaign Rhetoric Literally," Reuters, Nov. 15, 2016.

33   Jonah Goldberg, "Take Trump Seriously but Not Literally? How, Exactly?," *Los Angeles Times*, Dec. 6, 2016.

3   '자아'와 주관성의 부상

1   James Mottram, "Spike Jonze Interview: *Her* Is My 'Boy Meets Computer' Movie," *Independent*, Jan. 31, 2014.

2   Christopher Lasch, *The Culture of Narcissism: American Life in an Age of Diminishing Expectations*(New York: W. W. Norton, 1979), 51, xiii, 239.

3   Ibid., 36–38.

4   Tom Wolfe, "The 'Me' Decade and the Third Great Awakening," *New York*, Aug. 23, 1976.

5   Tim Wu, *The Attention Merchants: The Epic Scramble to Get Inside Our Heads*(New York: Alfred A. Knopf, 2016), 315.

6   David A. Fahrenthold and Robert O'Harrow Jr., "Trump: A True Story," *Washington Post*, Aug. 10, 2016; Kiran Khalid, "Trump: I'm Worth Whatever I Feel," CNNMoney.com, Apr. 21, 2011.

7   Scott Horsley, "Trump: Putin Again Denied Interfering in Election and 'I Really Believe' He Means It," *The Two-Way*, NPR, Nov. 11, 2017.

8   Transcripts, CNN, July 22, 2016, transcripts.cnn.com/TRANSCRIPTS/1607/22/nday.06.html.

9   Alexis de Tocqueville, *Democracy in America*(New York: Vintage, 1990), 215, 319, 318, 321.

10   James Barron, "Overlooked Influences on Donald Trump: A Famous Minister and His Church," *New York Times*, Sept. 5, 2016; Tom Gjelten, "How Positive Thinking, Prosperity Gospel Define Donald Trump's Faith Outlook," NPR, Aug. 3, 2016.

11   Tamara Keith, "Trump Crowd Size Estimate May Involve 'the Power of Positive Thinking,'" NPR, Jan. 22, 2017.

12   Kirsten Powers, "Donald Trump's 'Kinder, Gentler' Version," *USA Today*, Apr. 11, 2016.

13   Mackenzie Weinger, "7 Pols Who Praised Ayn Rand," *Politico*, Apr. 26, 2012.

14　Jonathan Freedland, "The New Age of Ayn Rand: How She Won Over Trump and Silicon Valley," *Guardian*, Apr. 10, 2017.

15　Philip Roth, "Writing American Fiction," *Commentary*, Mar. 1, 1961.

16　Tom Wolfe, "Stalking the Billion-Footed Beast: A Literary Manifesto for the New Social Novel," *Harper's*, Nov. 1989.

17　"From the Starr Referral: Clinton's Grand Jury Testimony, Part 4," *Washington Post*, washingtonpost.com/wp-srv/politics/special/clinton /stories/bctest092198_4.htm.

18　Roth, "Writing American Fiction."

19　Kakutani, "Bending the Truth in a Million Little Ways."

20　Laura Barton, "The Man Who Rewrote His Life," *Guardian*, Sept. 15, 2006.

21　Adam Begley, "The I's Have It: Duke's 'Moi' Critics Expose Themselves," *Lingua Franca*, Mar./ Apr. 1994.

22　Michiko Kakutani, "Opinion vs. Reality in an Age of Pundits," *New York Times*, Jan. 28, 1994; Michiko Kakutani, "Fear of Fat as the Bane of Modernism," *New York Times*, Mar. 12, 1996.

23　Michiko Kakutani, "A Biographer Who Claims a License to Blur Reality," *New York Times*, Oct. 2, 1999.

24　Ibid.

25　Michiko Kakutani, "Taking Sides in Polemics over Plath," *New York Times*, Apr. 5, 1994; Janet Malcolm, *The Silent Woman* (New York: Knopf, 1994), loc. 67, 32, Kindle.

26　Sam Boyd, "Sarah Palin on Teaching Intelligent Design in Schools," *American Prospect*, Aug. 29, 2008; Massimo Pigliucci, "Is Sarah Palin a Creationist?," *LiveScience*, Sept. 1, 2008.

27　John Timmer, "Ohio School District Has 'Teach the Controversy' Evolution Lesson Plan," *Ars Technica*, May 18, 2016.

28　Rosie Gray, "Trump Defends White-Nationalist Protesters: 'Some Very Fine People on Both Sides,'" *Atlantic*, Aug. 15, 2017; Mark Landler, "Trump Resurrects His Claim That Both Sides Share Blame in Charlottesville Violence," *New York Times*, Sept. 14, 2017; Sonam Sheth, "Trump Equates Confederate Generals Robert E. Lee and Stonewall Jackson with George Washington in Bizarre Press Conference," *Business Insider*, Aug. 15, 2017; Dan Merica, "Trump Condemns 'Hatred, Bigotry, and Violence on Many Sides' in Charlottes ville," *CNN Politics*, Aug. 13, 2017.

29　Naomi Oreskes and Erik M. Conway, *Merchants of Doubt* (New York: Bloomsbury Press, 2010), 6.

30 Ibid., 34.

31 Ibid., 6 7, 217.

32 Ibid., 6, 215.

33 Alister Doyle, "Scientists Say United on Global Warming, at
    Odds with Public View," Reuters, May 15, 2013; NASA, "Scientific
    Consensus: Earth's Climate Is Warming," climate.nasa.gov/scientific-
    consensus/; Justin Fox, "97 Percent Consensus on Climate Change?
    It's Complicated," Bloomberg, June 15, 2017.

34 David Robert Grimes, "Impartial Journalism Is Laudable. But False
    Balance Is Dangerous," Guardian, Nov. 8, 2016.

35 Sarah Knapton, "BBC Staff Told to Stop Inviting Cranks on to Science
    Programmes," Telegraph, July 4, 2014.

36 Christiane Amanpour, speech on receiving the Burton Benjamin
    Memorial Award, Nov. 22, 2016, cpj.org.

4 실재의 소멸

1 Philip K. Dick, "The Electric Ant," in Selected Stories of Philip K.
   Dick(New York: Houghton Mifflin Harcourt, 2013), Kindle, p. 384 of
   467.

2 Christopher Ingraham, "19 Kids Are Shot Every Day in the United
   States," Washington Post, June 20, 2017.

3 Roth, "Writing American Fiction."

4 Simon Kelner, "Perception Is Reality: The Facts Won't Matter in Next
   Year's General Election," Independent, Oct. 30, 2014; Roxie Salamon-
   Abrams, "Echoes of History? A Lesson Plan About the Recent Rise of
   Europe's Far-Right Parties," New York Times, Apr. 19, 2017.

5 Lawrence Freedman, "Reagan's Southern Strategy Gave Rise to the
   Tea Party," Salon, Oct. 27, 2013.

6 Eugene Kiely, Lori Robertson, and Robert Farley, "President Trump's
   Inaugural Address," FactCheck.org, Jan. 20, 2017; Chris Nichols,
   "Mostly True: Undocumented Immigrants Less Likely to Commit
   Crimes Than U.S. Citizens," PolitiFact California, Aug. 3, 2017; Akhila
   Satish, "The Nobel Laureate Exclusion Act: No Future Geniuses Need
   Apply," Wall Street Journal, Sept. 14, 2017; Rani Molla, "The Top U.S.
   Tech Companies Founded by Immigrants Are Now Worth Nearly
   $4 Trillion," Recode, Jan. 12, 2018; "Fact Check: Donald Trump's
   Republican Convention Speech, Annotated," NPR, July 21, 2016.

7   Vivian Yee, "Donald Trump's Math Takes His Towers to Greater Heights," *New York Times*, Nov. 1, 2016; Marc Fisher and Will Hobson, "Donald Trump Masqueraded as Publicist to Brag About Himself," *Washington Post*, May 13, 2016; David Barstow, "Donald Trump's Deals Rely on Being Creative with the Truth," *New York Times*, July 16, 2016; Fahrenthold and O'Harrow, "Trump: A True Story."

8   Aaron Williams and Anu Narayanswamy, "How Trump Has Made Millions by Selling His Name," *Washington Post*, Jan. 25, 2017; "10 Donald Trump Business Failures," *Time*, Oct. 11, 2016.

9   Daniel J. Boorstin, *The Image* (New York: Macmillan, 1987), 11.

10   Ibid., 65.

11   Laura Bradley, "Trump Bashes Schwarzenegger's *Celebrity Apprentice*, Forgets He Still Produces It," *Vanity Fair*, Jan. 6, 2017.

12   Boorstin, *Image*, 241, 212.

13   Ibid., 209–11.

14   https://en.wikiquote.org/wiki/Jean_Baudrillard; *Stanford Encyclopedia of Philosophy*, s.v. "Jean Baudrillard" Jean Baudrillard, *Simulacra and Simulation* (Ann Arbor: University of Michigan Press, 1994).

15   Jorge Luis Borges, *Ficciones* (New York: Grove Press, 1962), loc. 21–22, 34, Kindle.

16   Ibid., 33.

17   Thomas Pynchon, *Gravity's Rainbow* (New York: Viking Press, 1973), loc. 434, Kindle.

18   Brandon Harris, "Adam Curtis's Essential Counterhistories," *New Yorker*, Nov. 3, 2016.

19   Alice Marwick and Rebecca Lewis, "The Online Radicalization We're Not Talking About," *Select All*, May 18, 2017.

20   Alice Marwick and Rebecca Lewis, *Media Manipulation and Disinformation Online*, Data and Society Research Institute, May 15, 2017.

21   Marwick and Lewis, "Online Radicalization We're Not Talking About."

22   Ibid.

23   BBC Trending, "The Saga of 'Pizzagate': The Fake Story That Shows How Conspiracy Theories Spread," BBC News, Dec. 2, 2016.

24   Ali Breland, "Warner Sees Reddit as Potential Target for Russian Influence," *Hill*, Sept. 27, 2017; Roger McNamee, "How to Fix Facebook — Before It Fixes Us," *Washington Monthly*, Jan./Feb./Mar. 2018.

25   Renee DiResta, "Social Network Algorithms Are Distorting Reality by Boosting Conspiracy Theories," *Fast Company*, May 11, 2016.

5   언어의 포섭

1   John le Carré, "Why We Should Learn German," *Guardian*, July 1, 2017.
2   James Carroll, *Practicing Catholic*(Boston: Houghton Mifflin Harcourt, 2009), 302.
3   George Orwell, "Politics and the English Language," in *A Collection of Essays by George Orwell*(Garden City, N.Y.: Anchor Books, 1954), 177.
4   Orwell, 1984, Kindle.
5   Française Thom, *La langue de bois*(Paris: Julliard, 1987).
6   Roger Scruton, "Newspeak," in *The Palgrave Macmillan Dictionary of Political Thought*, 3rd ed.(New York: Palgrave Macmillan, 2007); "The Wooden Language," Radio Romania International, old.rri.ro/arh-art. shtml?lang=1&sec=9&art=4166.
7   Ji Fengyuan, *Linguistic Engineering: Language and Politics in Mao's China*(Honolulu: University of Hawaii Press, 2003); Perry Link, "Mao's China: The Language Game," *NYR Daily*, May 15, 2015.
8   Timothy Snyder, "A New Look at Civilian Life in Europe Under Hitler," review of *An Iron Wind: Europe Under Hitler*, by Peter Fritzsche, *New York Times*, Nov. 22, 2016.
9   Victor Klemperer, *The Language of the Third Reich*(New York: Bloomsbury, 2013), 12, 15.
10   Ibid., 54-55, 30, 118, 44-45.
11   Ibid., 60-62, 5, 101-3.
12   Ibid., 19.
13   Ibid., 222, 227, 223, 224, 228.
14   Orwell, *1984*(New York: Signet Classics, 1950), 16.
15   Rebecca Savransky, "Trump: 'You Are Witnessing the Single Greatest WITCH HUNT in American Political History,'" *Hill*, June 15, 2017; Michael Finnegan, "Trump Attacks on Russia Investigation Threaten U.S. Democracy, Authors Say," *Los Angeles Times*, Feb. 6, 2018; Anne Gearan, "Trump's Attacks on Justice and FBI Echo Election Claims of a 'Rigged System,'" *Washington Post*, Feb. 2, 2018.
16   Jessica Estepa, "It's Not Just 'Rocket Man.' Trump Has Long History of Nicknaming His Foes," *USA Today*, Sept. 21, 2017; Theodore

Schleifer and Jeremy Diamond, "Clinton Says Trump Leading 'Hate Movement' He Calls Her a 'Bigot,'" CNN *Politics*, Aug. 25, 2016; "Excerpts from Trump's Interview with the Times," *New York Times*, Dec. 28, 2017.

17   Orwell, *1984*, 212.

18   Linda Qiu, "Donald Trump Had Biggest Inaugural Crowd Ever? Metrics Don't Show It," PolitiFact, Jan. 21, 2017.

19   Masha Gessen, "The Putin Paradigm," *NYR Daily*, Dec. 13, 2016.

20   Orwell, *1984*, 213.

21   Oliver Milman and Sam Morris, "Trump Is Deleting Climate Change, One Site at a Time," *Guardian*, May 14, 2017; Brian Kahn, "The EPA Has Started to Remove Obama-Era Information," *Climate Central*, Feb. 2, 2017; Leila Miller, "As 'Climate Change' Fades from Government Sites, a Struggle to Archive Data," *Frontline*, Dec. 8, 2017.

22   Megan Cerullo, "EPA Removes Climate Change Page from Website to Reflect New 'Priorities' Under President Trump," *New York Daily News*, Apr. 29, 2017; Bill McKibben, "The Trump Administration's Solution to Climate Change: Ban the Term," *Guardian*, Aug. 8, 2017; Oliver Milman, "US Federal Department Is Censoring Use of Term 'Climate Change,' Emails Reveal," *Guardian*, Aug. 7, 2017; Lydia Smith, "Trump Administration Deletes Mention of 'Climate Change' from Environmental Protection Agency's Website," *Independent*, Oct. 21, 2017; Michael Collins, "EPA Removes Climate Change Data, Other Scientific Information from Website," *USA Today*, Apr. 29, 2017; Oliver Milman and Sam Morris, "Trump Is Deleting Climate Change, One Site at a Time," *Guardian*, May 14, 2017.

23   Valerie Volcovici and P. J. Huffstutter, "Trump Administration Seeks to Muzzle U.S. Agency Employees," Reuters, Jan. 24, 2017; Lisa Friedman, "E.P.A. Cancels Talk on Climate Change by Agency Scientists," *New York Times*, Oct. 22, 2017; Dan Merica and Dana Bash, "Trump Admin Tells National Park Service to Halt Tweets," CNN *Politics*, Jan. 23, 2017.

24   Michiko Kakutani, "Donald Trump's Chilling Language, and the Fearsome Power of Words," *Vanity Fair*, Jan. 21, 2017.

25   Aidan Quigley, "Make America Spell Again? 25 of Donald Trump's Twitter Spelling Errors," *Newsweek*, June 25, 2017; Jennifer Calfas, "Trump's Official Inauguration Poster Has Glaring Typo," *Hill*, Feb. 12, 2017; Eli Rosenberg, "'State of the Uniom': Misspelled Tickets to President Trump's First Address Require a Reprint," *Washington Post*,

Jan. 29, 2018.

26   Elizabeth Landers, "White House: Trump's Tweets Are 'Official Statements,'" *CNN Politics*, June 6, 2017; Matthew Weaver, Robert Booth, and Ben Jacobs, "Theresa May Condemns Trump's Retweets of UK Far-Right Leader's Anti-Muslim Videos," *Guardian*, Nov. 29, 2017.

27   Steven Erlanger, "'Fake News,' Trump's Obsession, Is Now a Cudgel for Strongmen," *New York Times*, Dec. 12, 2017; Anne Applebaum, "The 'Trump Effect' Will Help Authoritarians Around the World," *Washington Post*, May 4, 2016; "Record Number of Journalists Jailed as Turkey, China, Egypt Pay Scant Price for Repression," Committee to Protect Journalists, Dec. 13, 2017.

28   Ruth Ben-Ghiat, "An American Authoritarian," *Atlantic*, Aug. 10, 2016.

29   Umberto Eco, "Ur-fascism," *New York Review of Books*, June 22, 1995.

30   "Full Text: Donald Trump 2016 RNC Draft Speech Transcript," *Politico*, July 21, 2016.

6 필터, 저장탑, 부족

1   Rudyard Kipling, *The Light That Failed, in Selected Works of Rudyard Kipling*(New York: Collier&Son, 1900), 2:61.

2   Deborah Solomon, "Goodbye(Again), Norma Jean," *New York Times*, Sept. 19, 2004.

3   Pew Research Center, *Partisanship and Political Animosity in 2016*, June 22, 2016.

4   David Nakamura and Lisa Rein, "It's 'Very Gold': The Presidential Coin Undergoes a Trumpian Makeover," *Washington Post*, Dec. 22, 2017.

5   Bill Bishop, *The Big Sort: Why the Clustering of Like-Minded America Is Tearing Us Apart*(New York: Houghton Mifflin Harcourt, 2008), 130-32, 12.

6   Ibid., 216.

7   Ibid., 232.

8   Pew Research Center, "Sharp Partisan Divisions in Views of National Institutions," July 10, 2017.

9   Ronald Brownstein, *The Second Civil War: How Extreme Partisanship Has Paralyzed Washington and Polarized America*(New York: Penguin Press, 2007), loc.
    4247, Kindle.

10   Molly Ball, "Why Hillary Clinton Lost," *Atlantic*, Nov. 15, 2016.

11   Pew Research Center, "Political Polarization in the American Public,"
     June 12, 2014; Pew Research Center, *Partisanship and Political Animosity
     in 2016*.

12   Julian E. Zelizer, "The Power That Gerrymandering Has Brought
     to Republicans," *Washington Post*, June 17, 2016; Ronald Brownstein,
     "America, a Year Later," *State: The Digital Magazine from CNN Politics*,
     Nov. 2017.

13   Pew Research Center, "Political Polarization in the American Public"
     Pew Research Center, *Partisanship and Political Animosity in 2016*.

14   "The Four Corners of Deceit: Prominent Liberal Social Psychologist
     Made It All Up," *Rush Limbaugh Show*, Apr. 29, 2013.

15   Dylan Matthews, "Everything You Need to Know About the Fairness
     Doctrine in One Post," *Washington Post*, Aug. 23, 2011; Yochai Benkler
     et al., "Study: Breitbart-Led Right-Wing Media Ecosystem Altered
     Broader Media Agenda," *Columbia Journalism Review*, Mar. 3, 2017;
     Maggie Haberman and Glenn Thrush, "Bannon in Limbo as Trump
     Faces Growing Calls for the Strategist's Ouster," *New York Times*,
     Aug. 14, 2017; Michael J. de la Merced and Nicholas Fandos, "Fox's
     Unfamiliar but Powerful Television Rival: Sinclair," *New York Times*,
     May 3, 2017.

16   John Ziegler, "How Donald Trump's Election Has Helped Me Decide
     to End My National Radio Show," *Mediaite*, Dec. 18, 2016.

17   Charles Sykes, "How the Right Lost Its Mind and Embraced Donald
     Trump," *Newsweek*, Sept. 21, 2017; Charles Sykes, "Charlie Sykes on
     Where the Right Went Wrong," *New York Times*, Dec. 15, 2016.

18   Benkler et al., "Study: Breitbart-Led Right-Wing Media Ecosystem
     Altered Broader Media Agenda" Alexandra Topping, "'Sweden, Who
     Would Believe This?' Trump Cites Non-existent Terror Attack,"
     Guardian, Feb. 19, 2017; Samantha Schmidt and Lindsey Bever,
     "Kellyanne Conway Cites 'Bowling Green Massacre' That Never
     Happened to Defend Travel Ban," *Washington Post*, Feb. 3, 2017.

19   Alexander Nazaryan, "John McCain Cancer Is 'Godly Justice' for
     Challenging Trump, Alt-Right Claims," *Newsweek*, July 20, 2017.

20   Andrew Sullivan, "America Wasn't Built for Humans," *New York*, Sept.
     19, 2017.

21   Elizabeth Kolbert, "Why Facts Don't Change Our Minds," *New Yorker*,
     Feb. 27, 2017.

22   Cass Sunstein, *Going to Extremes: How Like Minds Unite and Divide*(New

York: Oxford University Press, 2009), 87.

23   Ibid., 4.

24   Sykes, "How the Right Lost Its Mind and Embraced Donald Trump"
Sykes, "Charlie Sykes on Where the Right Went Wrong."

25   Charles Sykes, *How the Right Lost Its Mind*(New York: St. Martin's
Press, 2017), 180.

26   Eli Pariser, *The Filter Bubble: What the Internet Is Hiding from You*(New
York: Penguin Press, 2011), 3.

27   Ibid., 16.

28   Eli Pariser, "Beware Online 'Filter Bubbles,'" TED2011, ted.com.

7   주의력 결핍

1   William Gibson, *Zero History*(New York: Putnam, 2010), 212.

2   "History of the Web: Sir Tim Berners-Lee," World Wide Web
Foundation.

3   Jaron Lanier, *You Are Not a Gadget*(New York: Alfred A. Knopf, 2010),
loc. 332-33, Kindle.

4   Nicholas Carr, *The Shallows: What the Internet Is Doing to Our Brains*(New
York: W. W. Norton, 2010), 91.

5   Wu, *Attention Merchants*, 320.

6   Ibid., 322.

7   "'Who Shared It?' How Americans Decide What News to Trust on
Social Media," American Press Institute, Mar. 20, 2017; Elisa Shearer
and Jeffrey Gottfried, "News Use Across Social Media Platforms
2017," Pew Research Center, Sept. 7, 2017.

8   "Yellow Journalism," in *Crucible of Empire: The Spanish-American War*,
PBS, pbs.org; Jacob Soll, "The Long and Brutal History of Fake News,"
Politico, Dec. 18, 2016; "Gaius Julius Caesar: The Conquest of Gaul,"
Livius.org.

9   Kevin Roose, "After Las Vegas Shooting, Fake News Regains Its
Megaphone," *New York Times*, Oct. 2, 2017; Jennifer Medina, "A New
Report on the Las Vegas Gunman Was Released. Here Are Some
Takeaways," *New York Times*, Jan. 19, 2018.

10   Craig Silverman, "This Analysis Shows How Viral Fake Election
News Stories Outperformed Real News on Facebook," *BuzzFeed*, Nov.
16, 2016.

11   Oxford Internet Institute, "Trump Supporters and Extreme Right

'Share Widest Range of Junk News,'" Feb. 6, 2018; Ishaan Tharoor, "'Fake News' and the Trumpian Threat to Democracy," *Washington Post*, Feb. 7, 2018; Shawn Musgrave and Matthew Nussbaum, "Trump Thrives in Areas That Lack Traditional News Outlets," *Politico*, Apr. 8, 2018.

12   Pierre Omidyar, "6 Ways Social Media Has Become a Direct Threat to Democracy," *Washington Post*, Oct. 9, 2017; Omidyar Group, *Is Social Media a Threat to Democracy?*, Oct. 1, 2017.

13   Olivia Solon, "Tim Berners-Lee on the Future of the Web: 'The System Is Failing,'" *Guardian*, Nov. 15, 2017.

14   McNamee, "How to Fix Facebook—Before It Fixes Us" Nicholas Thompson and Fred Vogelstein, "Inside the Two Years That Shook Facebook—and the World," *Wired*, Feb. 12, 2018.

15   Michael Lewis, "Has Anyone Seen the President?," *Bloomberg View*, Feb. 9, 2018.

16   Matea Gold and Frances Stead Sellers, "After Working for Trump's Campaign, British Data Firm Eyes New U.S. Government Contracts," *Washington Post*, Feb. 17, 2017; Nicholas Confessore and Danny Hakim, "Data Firm Says 'Secret Sauce' Aided Trump; Many Scoff," *New York Times*, Mar. 6, 2017; Joshua Green and Sasha Issenberg, "Inside the Trump Bunker, with Days to Go," *Bloomberg*, Oct. 27, 2016.

17   Matthew Rosenberg and Gabriel J.X. Dance, "'You Are the Product': Targeted by Cambridge Analytica on Facebook," *New York Times*, Apr. 8, 2018; Carole Cadwalladr and Emma Graham-Harrison, "Revealed: 50 Million Facebook Profiles Harvested for Cambridge Analytica in Major Data Breach," *Guardian*, Mar. 17, 2018; Olivia Solon, "Facebook Says Cambridge Analytica May Have Gained 37m More Users' Data," *Guardian*, Apr. 4, 2018.

18   Craig Timberg, Karla Adam, and Michael Kranish, "Bannon Oversaw Cambridge Analytica's Collection of Facebook Data, According to Former Employee," *Washington Post*, Mar. 20, 2018; Isobel Thompson, "The Secret History of Steve Bannon and Alexander Nix, Explained," *Vanity Fair*, Mar. 21, 2018.

19   Lesley Stahl, "Facebook 'Embeds,' Russia, and the Trump Campaign's Secret Weapon," *60 Minutes*, Oct. 8, 2017.

20   Green and Issenberg, "Inside the Trump Bunker, with Days to Go" David A. Graham, "Trump's 'Voter Suppression Operation' Targets Black Voters," *Atlantic*, Oct. 27, 2016.

21   Shane Harris, "Russian Hackers Who Compromised DNC Are

Targeting the Senate, Company Says," *Washington Post*, Jan. 12, 2018; Raphael Satter, "Inside Story: How Russians Hacked the Democrats' Emails," Associated Press, Nov. 4, 2017; Priyanka Boghani, "How Russia Looks to Gain Through Political Interference," *Frontline*, Dec. 23, 2016; Rick Noack, "Everything We Know So Far About Russian Election Meddling in Europe," *Washington Post*, Jan. 10, 2018; U.S. Senate, Committee on Foreign Relations, *Putin's Asymmetric Assault on Democracy in Russia and Europe: Implications for U.S. National Security*, 115th Cong., 2nd sess., Jan. 10, 2018.

22   David Ingram, "Facebook Says 126 Million Americans May Have Seen Russia-Linked Political Posts," Reuters, Oct. 30, 2017; Shane Goldmacher, "America Hits New Landmark: 200 Million Registered Voters," *Politico*, Oct. 19, 2016; Scott Shane, "These Are the Ads Russia Bought on Facebook in 2016," *New York Times*, Nov. 1, 2017; Leslie Shapiro, "Anatomy of a Russian Facebook Ad," *Washington Post*, Nov. 1, 2017.

23   Craig Timberg et al., "Russian Ads, Now Publicly Released, Show Sophistication of Influence Campaign," *Washington Post*, Nov. 1, 2017.

24   Jack Nicas, "How YouTube Drives People to the Internet's Darkest Corners," *Wall Street Journal*, Feb. 7, 2018; Paul Lewis, "'Fiction Is Outperforming Reality': How YouTube's Algorithm Distorts Truth," *Guardian*, Feb. 2, 2018; Jon Swaine, "Twitter Admits Far More Russian Bots Posted on Election Than It Had Disclosed," *Guardian*, Jan. 19, 2018; Philip N. Howard et al., "Social Media, News, and Political Information During the US Election: Was Polarizing Content Concentrated in Swing States?," Computational Propaganda Research Project, Sept. 28, 2017.

25   Ben Popken and Kelly Cobiella, "Russian Troll Describes Work in the Infamous Misinformation Factory," NBC News, Nov. 16, 2017; Scott Shane, "The Fake Americans Russia Created to Influence the Election," *New York Times*, Sept. 7, 2017.

26   Ryan Nakashima and Barbara Ortutay, "Russia Twitter Trolls Deflected Trump Bad News," *USA Today*, Nov. 10, 2017; Issie Lapowsky, "Pro-Kremlin Twitter Trolls Take Aim at Robert Mueller," *Wired*, Jan. 5, 2018.

27   Neidig, "Poll: 83 Percent of Voters Support Keeping FCC's Net Neutrality Rules" Todd Shields, "FCC Got 444,938 Net-Neutrality Comments from Russian Email Addresses," *Bloomberg*, Nov. 29, 2017; "Over Half of Public Comments to FCC on Net Neutrality Appear

Fake: Study," *Reuters*, Nov. 29, 2017; Susan Decker, "FCC Rules Out Delaying Net Neutrality Repeal over Fake Comments," *Bloomberg*, Jan. 5, 2018; Jon Brodkin, "FCC Stonewalled Investigation of Net Neutrality Comment Fraud, NY AG Says," *Ars Technica*, Nov. 22, 2017; Brian Fung, "FCC Net Neutrality Process 'Corrupted' by Fake Comments and Vanishing Consumer Complaints, Officials Say," *Washington Post*, Nov. 24, 2017; James V. Grimaldi and Paul Overberg, "Millions of People Post Comments on Federal Regulations. Many Are Fake," *Wall Street Journal*, Dec. 12, 2017; James V. Grimaldi and Paul Overberg, "Many Comments Critical of 'Fiduciary' Rule Are Fake," *Wall Street Journal*, Dec. 27, 2017.

28   Samantha Bradshaw and Philip N. Howard, "Troops, Trolls, and Troublemakers: A Global Inventory of Organized Social Media Manipulation," Computational Propaganda Research Project, working paper no. 2017.12.

29   Omidyar, "6 Ways Social Media Has Become a Direct Threat to Democracy" Omidyar Group, *Is Social Media a Threat to Democracy?*

30   Julia Munslow, "Ex-CIA Director Hayden: Russia Election Meddling Was 'Most Successful Covert Operation in History,'" *Yahoo News*, July 21, 2017; Cynthia McFadden, William M. Arkin, and Kevin Monahan, "Russians Penetrated U.S. Voter Systems, Top U.S. Official Says," NBC News, Feb. 8, 2018; Harris, "Russian Hackers Who Compromised DNC Are Targeting the Senate."

31   Shannon O'Neil, "Don't Let Mexico's Elections Become Putin's Next Target," *Bloomberg View*, Nov. 9, 2017; Jason Horowitz, "Italy, Bracing for Electoral Season of Fake News, Demands Facebook's Help," *New York Times*, Nov. 24, 2017; Yasmeen Serhan, "Italy Scrambles to Fight Misinformation Ahead of Its Elections," *Atlantic*, Feb. 24, 2018; "Italy Warns of Election Threat as Rival Parties Court Russia," ABC News, Feb. 21, 2018.

32   Olivia Solon, "The Future of Fake News: Don't Believe Everything You Read, See, or Hear," *Guardian*, July 26, 2017; Cade Metz and Keith Collins, "How an A.I. 'Cat-and-Mouse Game' Generates Believable Fake Photos," *New York Times*, Jan. 2, 2018; James Vincent, "New AI Research Makes It Easier to Create Fake Footage of Someone Speaking," *Verge*, July 12, 2017; David Gershgorn, "AI Researchers Are Trying to Combat How AI Can Be Used to Lie and Deceive," *Quartz*, Dec. 8, 2017; *Stanford Encyclopedia of Philosophy*, s.v. "Jean Baudrillard."

1 Robert A. Heinlein, "If This Goes On—," in *Revolt in 2100*(New York: Spectrum, 2013), Kindle.

2 Peter Pomerantsev, "Putin's Rasputin," *London Review of Books*, Oct. 20, 2011.

3 V. I. Lenin, "Report to the Fifth Congress of the R.S.D.L.P. on the St. Petersburg Split and the Institution of the Party Tribunal Ensuing Therefrom," in *Lenin Collected Works*, vol. 12(Moscow: Foreign Languages Publishing House, 1962).

4 Annc Applebaum, "100 Years Later, Bolshevism Is Back. And We Should Be Worried," *Washington Post*, Nov. 6, 2017.

5 Victor Sebestyen, *Lenin: The Man, the Dictator, and the Master of Terror*(New York: Pantheon Books, 2017), 3.

6 Ryan Lizza, "Steve Bannon Will Lead Trump's White House," *New Yorker*, Nov. 14, 2016.

7 Jane Mayer, "The Reclusive Hedge-Fund Tycoon Behind the Trump Presidency," *New Yorker*, Mar. 27, 2017.

8 Sebestyen, *Lenin*, 3.

9 "Propaganda: Goebbels' Principles," physics.smu.edu/pseudo/Propaganda/goebbels.html; Michiko Kakutani, "In 'Hitler,' an Ascent from 'Dunderhead' to Demagogue," *New York Times*, Sept. 27, 2016; Michiko Kakutani, "'How Propaganda Works' Is a Timely Reminder for a Post-Truth Age," *New York Times*, Dec. 26, 2016.

10 Volker Ullrich, *Hitler: Ascent, 1889–1939*(New York: Knopf, 2016), 94. See also Kakutani, "In 'Hitler,' an Ascent from 'Dunderhead' to Demagogue."

11 Adolf Hitler, *Mein Kampf*(Boston: Houghton Mifflin, 1943), vol. 2, loc. 10605, Kindle.

12 Arendt, *Origins of Totalitarianism*, 382.

13 Christopher Paul and Miriam Matthews, "The Russian 'Firehose of Falsehood' Propaganda Model"(Rand Corporation, 2016), 1.

14 Ibid., 5.

15 Ibid., 3, 4.

16 twitter.com/Kasparov63/status/808750564284702720.

17 T. S. Eliot, *Four Quartets*(New York: Harcourt Brace Jovanovich, 1971), 17.

18 Zeynep Tufekci, *Twitter and Tear Gas: The Power and Fragility of Networked Protest*(New Haven, Conn.: Yale University Press, 2017), 228-32.

19   Pomerantsev, "Putin's Rasputin."

20   Peter Pomerantsev, "Russia's Ideology: There Is No Truth," *New York Times*, Dec. 11, 2014.

21   Priscilla Alvarez and Taylor Hosking, "The Full Text of Mueller's Indictment of 13 Russians," *Atlantic*, Feb. 16, 2018; Adrian Chen, "The Agency," *New York Times Magazine*, June 2, 2015.

22   Peter Pomerantsev, "Inside Putin's Information War," *Politico*, Jan. 4, 2015.

23   Pomerantsev, "Putin's Rasputin."

24   Vladislav Surkov, "Crisis of Hypocrisy. 'I Hear America Singing,'" RT, Nov. 7, 2017.

25   Andrew Sullivan, "The Reactionary Temptation," *New York*, Apr. 30, 2017; Rosie Gray, "Behind the Internet's Anti-Democracy Movement," *Atlantic*, Feb. 10, 2017; Kelefa Sanneh, "Intellectuals for Trump," *New Yorker*, Jan. 9, 2017.

9   남의 불행에 쾌감을 느끼는 사람들

1   Marie Brenner, "How Donald Trump and Roy Cohn's Ruthless Symbiosis Changed America," *Vanity Fair*, Aug. 2017.

2   Donald Trump and Bill Zanker, *Think Big* (New York: HarperCollins, 2009), 174–75.

3   Rebecca Savransky, "Graham: 'Financial Contributions Will Stop' if GOP Doesn't Pass Tax Reform," *Hill*, Nov. 9, 2017; Cristina Marcos, "GOP Lawmaker: Donors Are Pushing Me to Get Tax Reform Done," *Hill*, Nov. 7, 2017.

4   Pynchon, *Gravity's Rainbow*, 676.

5   F. Scott Fitzgerald, *The Great Gatsby* (New York: Oxford University Press, 1998), 142.

6   Sue Halpern, "The Nihilism of Julian Assange," *New York Review of Books*, July 13, 2017; Haroon Siddique, "Press Freedom Group Joins Condemnation of WikiLeaks' War Logs," *Guardian*, Aug. 13, 2010; Matthew Weaver, "Afghanistan War Logs: WikiLeaks Urged to Remove Thousands of Names," *Guardian*, Aug. 10, 2010.

7   Laura Sydell, "We Tracked Down a Fake-News Creator in the Suburbs. Here's What We Learned," *All Tech Considered*, NPR, Nov. 23, 2016.

8   Publius Decius Mus, "The Flight 93 Election," *Claremont Review of Books*, Sept. 5, 2016; Rosie Gray, "The Populist Nationalist on Trump's

National Security Council," *Atlantic*, Mar. 24, 2017; Michael Warren, "The Anonymous Pro-Trump 'Decius' Now Works Inside the White House," *Weekly Standard*, Feb. 2, 2017; Gray, "Behind the Internet's Anti-Democracy Movement."

9   Hadley Freeman, "Sandy Hook Father Leonard Pozner on Death Threats: 'I Never Imagined I'd Have to Fight for My Child's Legacy,'" *Guardian*, May 2, 2017; Charles Rabin, "Parkland Students Face New Attack, This Time from the Political Right on Social Media," *Miami Herald*, Feb. 20, 2018.

10   Joseph Goldstein, "Alt-Right Gathering Exults in Trump Election with Nazi-Era Salute," *New York Times*, Nov. 20, 2016.

11   Marwick and Lewis, *Media Manipulation and Disinformation Online*.

12   Ashley Feinberg, "This Is the Daily Stormer's Playbook," *Huffington Post*, Dec. 13, 2017.

13   Amy B Wang, "Trump Retweets Image Depicting 'CNN' Squashed Beneath His Shoe," *Washington Post*, Dec. 24, 2017; twitter.com/realDonaldTrump /status/326970029461614594.

14   Joshua Green, *Devil's Bargain: Steve Bannon, Donald Trump, and the Storming of the Presidency* (New York: Penguin Press, 2017), 139, 147-48.

15   Butler, *Postmodernism*, 35.

16   "A Conversation with David Foster Wallace by Larry McCaffery," *Review of Contemporary Fiction* 13, no. 2(Summer 1993); David Foster Wallace, "E Unibus Pluram: Television and U.S. Fiction," *Review of Contemporary Fiction* 13, no. 2(1993): 151-94.

17   Roger Wolmuth, "David Leisure—a.k.a. Joe Isuzu—Finds That the Road to Success Is Paved with Lies, Lies, Lies!," *People*, Nov. 10, 1986.

나가며

1   Neil Postman, *Amusing Ourselves to Death* (New York: Penguin, 2006), 156, 141.

2   Ibid., 98.

3   Ibid., xix.

4   Ibid., 16.

5   George Saunders, *The Braindead Megaphone: Essays* (New York: Riverhead Books, 2007), 12, 6, 18.

6   Michiko Kakutani, "Why '1984' Is a 2017 Must-Read," *New York Times*, Jan. 26, 2017.

7   Freedom House, "Freedom in the World 2018," freedomhouse.org.

8   Charles McGrath, "No Longer Writing, Philip Roth Still Has Plenty to Say," *New York Times*, Jan. 16, 2018.

9   George Washington, "Washington's Farewell Address 1796," avalon.law.yale.edu.

10   Thomas Jefferson, "First Inaugural Address," Mar. 4, 1801, avalon.law.yale.edu.

11   Washington, "Washington's Farewell Address 1796."

12   Jefferson to John Tyler, June 28, 1804, in *The Papers of Thomas Jefferson*, ed. James P. McClure, vol. 43(Princeton, N.J.: Princeton University Press, 2017), loc. 18630, Kindle. See also Scott Horton, "Jefferson—Pursuit of the Avenues of Truth," *Browsings*(blog), *Harper's*, Aug. 15, 2009.

13   James Madison to W. T. Barry, Aug. 4, 1822, in *The Writings of James Madison*, ed. Gaillard Hunt, 9 vols.(New York: G. P. Putnam's Sons, 1900-1910), vol. 9.

추가 출처

Arendt, Hannah, *The Human Condition*(Chicago: The University of Chicago Press, 1998). [한나 아렌트 지음, 이진우 옮김, 『인간의 조건』, 한길사, 2017.]

Avlon, John, *Washington's Farewell: The Founding Father's Warning to Future Generations*(New York: Simon & Schuster, 2017).

Campbell, Jeremy, *The Liar's Tale*(New York: W. W. Norton, 2002).

Chernow, Ron, *Washington: A Life*(New York: Penguin Press, 2010).

Clark, Christopher, *The Sleepwalkers: How Europe Went to War in 1914*(New York: Harper Perennial, 2014). [크리스토퍼 클라크 지음, 이재만 옮김, 『몽유병자들』, 책과함께, 2019.]

Confessore, Nicholas, "Cambridge Analytica and Facebook: The Scandal and the Fallout So Far," *New York Times*, Apr. 4, 2018.

D'Antonio, Michael, *The Truth About Trump*(New York: Thomas Dunne Books, 2016). [마이클 단토니오 지음, 이은주·이영래·이미숙 옮김, 『트럼프의 진실』, 매일경제신문사, 2017.]

Diepenbrock, George, "Most Partisans Treat Politics Like Sports Rivalries, Study Shows," *Kansas University Today*, Apr. 15, 2015.

Ellis, Joseph J., *Founding Brothers: The Revolutionary Generation*(New York: Vintage, 2002).

Ellis, Joseph J., *The Quartet: Orchestrating the Second American Revolution, 1783–1789*(New York: Vintage, 2016).

Frum, David, "How to Build an Autocracy," *Atlantic*, March 2017.

Gray, Rosie, "How 2015 Fueled the Rise of the Freewheeling White Nationalist Alt-Movement," *BuzzFeed*, Dec. 27, 2015.

Halpern, Sue, "How He Used Facebook to Win," *New York Review of Books*,

June 8, 2017.

Hamilton, Alexander, James Madison, and John Jay, *The Federalist Papers*(Dublin, Ohio: Coventry House Publishing, 2015).

Hofstadter, Richard, *Anti-intellectualism in American Life*(New York: Vintage, 1963). [리처드 호프스태터 지음, 유강은 옮김, 『미국의 반지성주의』, 교유서가, 2017.]

Hughes, Robert, *Culture of Complaint: The Fraying of America*(New York: Oxford University Press, 1993).

Huxley, Aldous, *Brave New World*(New York: Harper Perennial, 2006). [올더스 헉슬리 지음, 이덕형 옮김, 『멋진 신세계』, 문예출판사, 1998.]

Ioffe, Julia, "Why Trump's Attack on the Time Warner Merger Is Dangerous for the Press," *Atlantic*, Nov. 28, 2017.

Johnston, David Cay, *The Making of Donald Trump*(Brooklyn: Melville House, 2017).

Kahneman, Daniel, *Thinking, Fast and Slow*(New York: Farrar, Straus and Giroux, 2011). [대니얼 카너먼 지음, 이창신 옮김, 『생각에 관한 생각』, 김영사, 2018.]

Kaplan, Fred, *Lincoln: The Biography of a Writer*(New York: Harper, 2008). [프레드 캐플런 지음, 허진 옮김, 『링컨』, 열림원, 2010.]

Kasparov, Garry, *Winter Is Coming*(New York: PublicAffairs, 2015).

Levi, Primo, *The Drowned and the Saved*(New York: Vintage International, 1989). [프리모 레비 지음, 이소영 옮김, 『가라앉은 자와 구조된 자』, 돌베개, 2014.]

Luce, Edward, *The Retreat of Western Liberalism*(New York: Atlantic Monthly Press, 2017).

McCullough, David, *1776*(New York: Simon & Schuster, 2005).

Murphy, Tim, "How Donald Trump Became Conspiracy Theorist in Chief," *Mother Jones*, Nov./Dec. 2016.

O'Brien, Timothy L., *TrumpNation: The Art of Being The Donald*(New York: Grand Central Publishing, 2007).

Pluckrose, Helen, "How French 'Intellectuals' Ruined the West," *Areo*, Mar. 27, 2017.

Pomerantsev, Peter, *Nothing Is True and Everything Is Possible*(New York: PublicAffairs, 2015).

Remnick, David, "A Hundred Days of Trump," *New Yorker*, May 1, 2017.

Ricks, Thomas E., *Fiasco: The American Military Adventure in Iraq*(New York: Penguin Press, 2006).

Rosenberg, Matthew, and Gabriel J.X. Dance, "'You Are the Product': Targeted by Cambridge Analytica on Facebook," *New York Times*, Apr. 8,

2018.

Snyder, Timothy, *On Tyranny*(New York: Tim Duggan Books, 2017). [티머시 스나이더 지음, 조행복 옮김, 『폭정』, 열린책들, 2017.]

Stanley, Jason, *How Propaganda Works*(Princeton, N.J.: Princeton University Press, 2015).

Timberg, Carl, Karla Adam and Michael Kranish, "Bannon Oversaw Cambridge Analytica's Collection of Facebook Data, According to Former Employee," *Washington Post*, Mar. 20, 2018.

Wolfe, Tom, ed., *The New Journalism*(New York: Picador Books, 1975).

Wolff, Michael, *Fire and Fury: Inside the Trump White House*(New York: Henry Holt & Co., 2018). [마이클 월프 지음, 장경덕 옮김, 『화염과 분노』, 은행나무, 2018.]

Wood, Gordon S., *The Radicalism of the American Revolution*(New York: Vintage, 1993).

Wylie, Christopher, "Why I Broke the Facebook Data Story—and What Should Happen Now," *Guardian*, Apr. 7, 2018.

Yglesias, Matthew, "American Democracy Is Doomed," *Vox*, Oct. 8, 2015.

포스트트루스 시대의 인간의 조건

정희진(여성학 연구자)

나는 이 책 『진실 따위는 중요하지 않다』의 관점에 동의하지 않는다. 하지만 많은 이들이 이 책을 읽고 저자가 제기한 문제를 공유하기를 절실히 바란다. 한 권의 책이 세상을 구할 수는 없어도 잠시나마 사람들의 발걸음을 멈추게 할 수는 있다고 생각한다. 이 책은 당대 우리 사회에 반드시 필요한 사유의 정거장이다.

오늘날, 사실(facts)이 지구 전체를 흔드는 국제정치학의 동학 속에서 휘청거린다. "진실은 영원하다", "언젠가 역사가 진실을 증명할 것"이라고 믿는 입장에서는, 진실이 수학처럼 뭔가 정명(正名)한 것이라고 생각하기 쉽다(그러나 수학도 일종의 언어다). 토마스 쿤의 『과학혁명의 구조』가 앞의 입문서인 이유는, 우리가 자명한 사실이라고 믿는 과학(normal science)도 규범, 즉 사회적으로 구성되는 임시적인 패러다임이라는 인식을 제시했기 때문이다.

이 책은 1998년 퓰리처상을 수상한 일본계 미국인으로 저명한 작가이자 비평가인 미치코 가쿠타니의 2018년작 『진실의 죽음: 트럼프 시대의 거짓말에 대한 고찰』(The Death of Truth: Notes on Falsehood in the Age of Trump)을 옮긴 것이다. 원서의 제목과 부제가 흥미롭다. 그녀는 진실이 있다고 믿으며, 트럼프 시대가 만들어내는 '가짜 뉴스'와 그 폐해를 성실히 보고한다. 공감하지 않는 이가 없을 것이다. 이 시대 최고의 트럼프 보고서가 아닐 수 없다.

미국은 관료주의, 합리주의, 법치주의의 나라다. 우리가 생각하는 것보다 훨씬 더 이성(理性)을 숭배하는 지식 우월주의 사회다. "팍스 로마나는 망했지만, 팍스 아메리카나는 영원할 것"이라는 말이 있다. 미국은 보수와 진보를 불문, 인간의 지식을 장악하고 있기 때문이다. 전 세계 유학생들이 자국의 데이터로 미국 대학에서 박사학위를 받는다(말할 것도 없이, 한국의 미국 박사 비율은 압도적으로 세계 1위다). 그런 미국이 트럼프가 대통령 선거전 당시 여론조사에서 힐러리에게 뒤질 때 "선거를 취소하고, 그냥 내가 이긴 걸로 하자"고 말해도 되는 사회가 되었다. '백인 남성'을 중심으로 하는 일부(?) 미국인들은 그를 비판하기보다 욕망한다.

트럼프는 자기 딸 이방카가 예쁘다며 "딸만 아니면 사귀고 싶다"고 공공연히 떠들고, 참모들의 보고서를 읽지 않으며, 하루 8시간을 TV 시청으로 보낸다. 그의 발언은 거의 거짓말이어서 보좌진들도 체크하기를 포기했다. 트럼프식의 정신 구조는 경조증, 승부욕, '(내가) 하면 된다'는 근대성의 신자유주의 버전이다. 트럼프는 자신의 희망, 망상, 환상 사이의 경계를 깨고, 이 모두를 현실로 만든 인물이다.

한국사회에도 '트럼프'가 한둘이 아니다. '트럼프들'은 멘탈이 강하고, 그들로부터 충격을 받는 이들은 우울하다. 주식 투자 실적을 부풀리고 결국 사기죄로 구속된 모씨는 올해 구형 10년에 징역 5년을 선고받았는데, 그는 기부왕 행세를 하면서 유명해졌다. 그가 페이스북에 쓴 글을 보자. "저는 무엇을 베푸는 사람이 아니라, 원래 가졌어야 하는 분들의 것을 잠시 맡고 있다가 있어야 할 제자리에 돌려놓는 사람일 뿐입니다. (…) 저는 제 이름이나 업적이 아닌, 정제된 가치관과 철학을 남기고자 합니다. 제가 뿌리는 씨앗에서 열리는 열매가 사회와 공동체에 고스란히 전달되길 바랍니다." 자신을 지식인이라고 주장하는 어느 페미니스트는 페이스북에 이렇게 썼다. 이런 글을 보고 놀라는 이들이 있다는 사실이, 그나마 위안일까. "빛나는 연구 실적의 첨탑을 향해 내달리는 숨 가쁨이 때론 두통과 복통 등의 신체적 통증으로 번역되어 나타나기도 한다. 한글 논문을 완성하기 무섭게, 다른 주제의 외국어 논문으로 향하고 있는 이 일상에서 연구가 주는 기쁨을 잃지 않으려 안간힘 쓰지만 에너지 고갈에 맞닥뜨린다."

디지털을 통해 자아를 무한 확장하는 사람들, 거짓과 혐오 행위가 유명세가 되고 악명도 돈이 되는 세상에서 어떤 상태가 '제정신'인지 생각하지 않을 수 없다. 나는 이 상태가 가장 두렵다. 인성의 양극화일까? 한국의 우울증 환자 수와 자살률은 세계 최고 수준이다. 우리는 현재 기계문명에 문제를 제기하지 않고서는 트럼프도 가짜 뉴스도 비판할 능력을 잃게 된다.

내가 생각하기에 『진실 따위는 중요하지 않다』에는 매우 중요한 두 가지 논쟁거리가 있다. 하나는 가짜 뉴스가 가능해진 인프라는 무엇이며, 이는 인간의 조건을 어떻게 변화시키고 있는가이다. 다른 하나는 이 책에서 비판하는 포스트모더니즘이다. 트럼프는 첫 번째 이슈의 노두(露頭)에 불과할지도 모른다. 그의 몸은 전 지구를 뒤덮은 불길한 광맥의 일부로 보인다. 가짜 뉴스의 조건은 말할 것도 없이 1인 매체의 등장, SNS, 유튜브, 전자상거래, 팟캐스트 등을 가능케 한 '과학기술 혁명'이다. 전문가들은 한국의 인터넷 신문이 2천 개가 넘는다고 추정한다. 누구나 말할 수 있는 시대가 되었다. 그러나 표현의 자유는 자유보다 표현할 내용이 더 중요하다. 강자의 표현의 자유는 '폭력'이고, 약자의 그것은 어려운 일이다.

　　해부학의 발전이 모든 인간은 같다는 근대적 인권 개념의 토대가 되었듯이, 철도가 산업자본주의의 시작이었듯이, 인쇄술이 국민국가의 물적 기반이었듯이 가짜 뉴스와 '진실의 죽음'은 디지털 기술이 만들어낸 필연이다. 물론, 매체의 폭발적 증가는 가짜 뉴스만이 아니라 소수자의 목소리, 다양한 의견, 비가시화된 진실을 드러낸다. 다시 말해, '구글의 시대'의 가짜 뉴스는 참과 거짓(true or false)의 문제로 둔갑하기 쉽다. 우리의 희망대로, 물질문명의 좋은 점은 살리고 나쁜 점은 개선하자는 양비론은 아무런 의미가 없다.

미디어의 발전은 장단점의 문제가 아니라 인간의 삶을 근본적으로 변화시킨다. 통념과 달리 미디어는 언론에 국한되는 것이 아니라 인간이 만든 모든 도구를 의미한다. 집, 자동차, 냉장고, 콘돔, 무기, 옷, 놀이공원…. 우리는 그야말로 '월드(world)에 걸친 와이드(wide)한 웹(web)'을 통해, 빅브라더가 이미 걸러낸 혹은 만들어낸 정보를 지식이라 믿으며 '검색이 공부'를 의미하는 시대를 살고 있다.

트럼프의 망상, 자기도취, 허언증은 그의 인성에 기인한 바도 있지만, 그의 거짓말은 미디어 없이는 불가능하다. 트럼프는 그 자체로 메시지다. 첨단 대중매체는 전 지구인을 동시에 접속시킬 수 있게 되었다. 대중은 많은 수의 사람이라는 의미가 아니라 균질적인 집단적 덩어리를 의미한다. 트럼프 현상은 미디어의 상업성, 관음증, 온라인에서 더욱 편리한 대상화(페티시즘)의 산물이다. 이제, 우리는 클릭하고고로 존재한다. 죽지 않는 진실은 단 하나, "미디어가 메시지다"뿐이다.

최근 번역된 프랭클린 포어의 『생각을 빼앗긴 세계』, 마르크 뒤갱과 크리스토프 라베의 『빅데이터 소사이어티: 디지털 혁명 시대, 우리는 무엇을 얻고 무엇을 잃을 것인가』, 애덤 알터의 『멈추지 못하는 사람들: 무엇이 당신을 끊임없이 확인하고 검색하게 만드는가』 등은 빅브라더 논의부터 중독까지 다양하게 다루고 있지만, 공통점은 기술에 대한 서구사회의 성찰이다.

한국사회에서는 이런 문제 제기, 아니 점검이라도 가능할까. 지금 이곳에서 인터넷은 기술 강국과 표현의 자유를 상징한다. 심지어 발언 기회(지면)가 없는 이들의 공간으로 간주된다. 그래서 계층과 남녀, 진보와 보수, '페미'와 '마초'를 불문, 모두 스마트폰에 얼굴을 묻고 있다. 마치 그곳에 인정받지 못한, 혹은 잃어버린 자아가 있는 것처럼 말이다. 혹은 인스타그램의 사진들을 보는 것만으로 위로받는다. 나 역시 그런 사람 중 하나인데, 문제는 위로의 시간이 너무나 짧다는 것이다. 사진 속의 물질은 내 것이 아니다. 갖고 싶다는 욕망과 박탈감의 시간이 훨씬 길다.

한국사회에서 과학기술에 대한 문제 제기는 금기다. 나는 예전에 소셜 네트워크의 윤리에 관한 글을 쓴 적이 있는데, 페미니즘 관련 글을 썼을 때보다 훨씬 더 많은 비난을 받았다. 어떤 '진보적 지식인'이 당시 내 글을 비판한 글을 페이스북에 올렸는데, 진보 인사와 페미니스트 모두가 '좋아요'를 눌렀다. 한국사회에서는 '디지털+치매'라는 단어의 결합조차 비난받는다. 디지털은 좋은 말, 치매는 나쁜 말이라는 것이다.

20세기 최고의 시간 도둑이 TV였다면, 21세기에는 스마트폰이라는 데 이견이 있는 사람은 없을 것이다. 그러나 스마트폰은 TV와 달리, 휴대성과 사용자의 즉각적인 참여, 주체화 측면에서 완전히 성질을 달리하는 매체다. 인간이 만든 도구는 인간의 몸을 확장시킨다. 나의 일부가, 기억이, 기능이 도구에게 의존하거나 옮겨지는 상태다. 우리는 확장된 몸을 '나'로 생각하기 쉽다. 자아는 비대해지지만 인간의 능력은 저하된다. 트럼프의 자아는 비대를 넘어 스스로 지구가 되었다.

디지털 치매는 인간의 기억력을 기계가 빼앗아가는 새로운 질병이다. 치매가 슬픈 병인 이유는 환자의 기억이 상실, 대체됨으로서 전혀 다른 사람이 되기 때문이다. 그래서 중증 치매에 걸린 사람과는 살아 있어도 만나지 못한다. 인간은 곧 기억이다. 죽음은 이 기억이 몸(mindful body)을 빠져나가는 현상이다. 페이스북 창시자인 마크 저커버그는 자기 딸은 "열세 살까지는 페이스북 사용을 못 하게 할 것"이라고 말했다(실제 페이스북은 13세 이하의 아동들의 계정 등록을 막는 정책이 있긴 하다). 반면, 한국사회에서는 여섯 살 유튜버가 100억짜리 빌딩을 산다.

디지털 유토피아가 위험한 이유는, 인간 활동 중 '안다'는 것의 독특성과 관련이 있다. 우리는 구글, 페이스북, 아마존, 애플이 어떻게 지식과 사상, 프라이버시와 문화를 파괴하는지를 모른다. 왜? 자신이 무엇을 모르는지를 아는 사람이 지식인이라고 하는데, 이도 정확한 설명은 아니다. 우리는 모르는 것을 어떻게 알 수 있는가. 모르는 것을 모르는데. '정보의 바다'는 정보가 바닷물만큼 많다는 의미인가, 아니면 정보가 바다에 있어서 찾을 수 없다는 말인가? 웹이 네트워크인지, 연대인지, 독점 그물인지는 상황에 따라 다르지만, 분명한 것은 아무리 넓은 바다라고 해도 정보 자체는 하나의 그물망에 있다는 것이고, 그 그물망의 주인이 인류를 지배하고 있다는 사실이다.

생각하고 기억하는 능력이 불필요한 시대요, 거대 기업이 인류의 뇌를 독점하고 있다. 내가 아는 한 인류 역사상 이런 사회는 없었다. 인간이 만든 도구가 부메랑이 되는 상황은 누구나 아는 문명의 딜레마지만, 나는 디지털 범죄나 문화 파괴보다 일상생활에 미치는 영향에 관심이 많다. 인간은 타인과 사회와의 부대낌 속에서 자신을 정의하는 과정을 사는 존재다. 그러나 1인 매체 시대에는 자기가 자신을 규정한다. 자기도취, 자기 조작 시대다. 1인 매체는 모든 이들에게 '작가'라는 부풀어진 자아(인플레이션 에고)를 부여했으며, 글로벌 자본주의 사회의 부의 양극화를 잊게 했다. 지금 사람들에게서 인터넷과 SNS를 뺏는다면, 폭동이 일어나지 않을까.

디지털 기술이 만든 이미지는 모든 것을 압도하는 언어가 되었다. PPT는 원래 시각적 보조 자료로 사용하는 소프트웨어지만 지금은 학교, NGO, 기업, 시민사회, 지역 도서관 등에서 이루어지는 대부분의 강의는 PPT로 한다. 보조용

도구가 메인이 된 것이다. PPT가 수강생이 많은 대형 강의실에서 특히 유용하다는 사실 또한 생각할 거리다. PPT는 보여주기이지 말하기가 아니다. 콘텐츠 없는 포인트만 강조된다. 대표적인 예가 PPT 원고인데, 일반 문장과 다를 수밖에 없다. 내 주변에서는 이를 '공무원체'라고 부르는데, 예를 들면, "양성평등과 성 평등은 다른 의미다. 인간은 양성으로 구성되어 있지 않기 때문이다. 성별이 아니라 성별들(genders)의 의미를 알아야 남녀 간의 평등 개념도 접근 가능하다"는 내용은 "양성 평등 의식 제고"라는 여덟 글자의 이미지로 등장한다. 어두운 공간에서 강사는 앉아서 '포인트'를 가리키고 수강생들은 잔다. 나는 PPT를 사용하지 않고 판서 강의를 하는데, 강의를 안 하면 금세 한자나 영어의 철자를 잊어버린다.

빈부의 양극화는 문해력과 지적 능력의 양극화의 결과일지도 모른다. 사람들은 강자나 대기업에 저항하지 않는다. 부자들은 시간을 아끼고, 가난한 사람들은 기계에 시간과 노동을 기꺼이 사용함으로서 슈퍼 부자들의 삶을 떠받치고 있으며, 글로벌 기업은 콘텐츠를 가진 '최고의 지식인'만 필요할 뿐이다. 이것이 소위, 고용의 종말이다. IT 산업, 금융과 유통을 중심으로 하는 자본주의 체제는 더 이상 사람의 노동을 필요로 하지 않는다. 우리가 매일 목도하는 현실이지만, 러다이트 운동 때와 다른 점은 노동자들이 기계를 부수지 않고, 자신을 해고한 시스템과 그 기계를 사랑한다는 점이다.

이 책에서 트럼프에 대한 비판은 포스트모더니즘 비판으로 이어진다. 가쿠타니는 포스트모더니즘을 '진실의 실종'이라는 이유로 비판한다. 이 부분이 가장 논쟁적이라고 할 수 있다. 포스트모더니즘은 누가 옳은가/그른가의 문제가 아니라 그것이 진실이라 할지라도 '단 하나의 목소리'에 대한 문제 제기였기 때문이다. 가짜 뉴스도 진실도, 유일한 목소리일 수 없다.

명백한 역사적 사실을 부정하는 부정론자들은 포스트모더니즘을 '이용했다'. "홀로코스트는 없었다"부터, "군 위안부는 자발적이었다", "여성 상위 시대다"까지 다양하다. 게다가 이런 주장을 하는 사람들은 피해자에게 사실 증명을 요구한다. 가해자는 책임지고 사과하는 대신, 피해자가 피해를 증명해야 하는 상황을 즐긴다. '증명해도' 사회 통념을 문제 삼아 법망을 피한다. 아마도 가장 일상적인 예는 성폭력일 것이다.

그러나 이때 진실을 추구하는 대안이 저자의 주장대로 포스트주의 비판일까? 이러한 현상이 진실이 사라졌다는 의미일까? 진실은 원래부터 존재하지 않았다. 진실이라고 간주되는 것이 있었을 뿐이다. 포스트모더니즘, 마르크스주의, 페미니즘, 탈식민주의…. 어떤 의도이건 간에 모든 사유는 오해되고 왜곡된다. 그래서 모든 담론에서 중요한 것은 내용의 '올바름'이 아니라 효과다. 언어의 사용 과정에서, 즉 누가 어떤 위치에서 말하는가에 따라 의미의 차이가 발생하기 때문이다. 우리는 담론 개념이 등장하면서, 문제는 말의 진위가 아니라 효과라는 것을 깨닫게 되었다.

포스트모더니즘과 관련해 가장 첨예한 쟁점은 '포스트'(post)라는 접두사의 해석에 있다. 영어 'post'는 우리말로 정확한 번역이 불가능하다. 원래 번역 자체의 특성도 있고, 포스트의 의미가 다양하기 때문이다. '후기', '탈' 등의 번역은 오해를 부채질한다(가장 '잘못된' 번역이다). 사전적 정의인 '이후'(以後)는 가장 문제적인 번역이다. 반대(anti), 대항(against), 변환(trans), 넘어섬(beyond), 벗어남(de~), 해체, 문제 제기, 극복 등의 다양한 뜻이 있다. 포스트국민국가, 포스트휴먼 등 포스트는 '어떤 것 자체이면서 더 이상은 그것이 아닌 것'에 가깝다.

포스트모더니즘 논쟁을 본격적으로 제기한 고전, 장 프랑수아 리오타르의 『포스트모던의 조건』의 부제도 시간에 관한 것이 아니라 '지식의 문제'다. 리오타르는 모든 것을 설명하려는 근대의 자유주의, 마르크스주의 등 환원주의의 거대서사를 비판하면서 재현(표상)의 위기를 지적했다. 즉 근대의 보편성은 실상, 배제의 산물이라는 인식에서 앎의 안정성, 확실함, 합리성에 대해 의문을 제기한 것이다. 리오타르의 주장은 서구가 독점했던 단일 주체의 단일 시간에 대한 성찰이었다.

근대성의 기본 성격, 즉 직선적 시간관(미래 지향), 노동과 발전주의(대상을 목적의식적으로 변화), 자기통제(독립, 평등)는 중산층 서구 백인 남성들에게만 가능한 것이었고, 이때 여성은 자연과 인간의 중간 존재로 흑인은 동물과 인간의 중간으로 간주되었다. 모든 명명은 배제의 산물이다. 포스트모더니즘은 근대성의 타자들의 목소리에 주목했다. 백인 중심의 페미니즘의 관점에서 아시아 지역의 페미니즘은 '제3세계 페미니즘'이 아니라 포스트모던 페미니즘이고, 인간 중심의 발전주의에서 환경운동은 포스트모던한 것이다. '개발도상국'은 포스트모더니즘의 관점에서 보면, 즉 서구인이 아닌 피식민 당사자의 입장에서 보면 식민지배 이후도 이전과도 다른 상태, 포스트콜로니얼이다.

이처럼 포스트는 시간이 아니라 주체, 장소, 인식자의 위치성에 관한 개념이다. 포스트는 과거와 미래를 연결하거나 분리하는 것이 아니다. 오히려 지구상 각 지역들의 동등한 공시적(共時的) 현존에 가깝다. '글로벌'도 '로컬'도 아닌 '글로컬'인 것이다. 프랑스어에서 시작된 용어가 영문학에서 주로 연구되었으니 그 차이에다 영어로 포스트의 의미가 워낙 다양하기 때문에, 포스트모더니즘에 대한 오해는 필연적일지도 모른다. 즉 『진실 따위는 중요하지 않다』처럼 모더니즘의 관점에서 포스트모더니즘을 비판하면, 가짜/진짜 프레임에 빠지게 되고, 진실을 증명할 방법은 없게 되거나 '옳은 독재자'가 등장하게 된다. 현실과 언어, 기표와 기의의 불일치는 언어의 본질이다. 누구에게나 보편적으로 적용되는 객관은 없다.

포스트모더니즘은 인식자의 정치적 입장에 따라 다르지만, 대안 없는 해체주의나 상대주의가 아니다. 『진실 따위는 중요하지 않다』는 '진실의 죽음'에 집중하고 있지만, 사실(as a matter of fact!), 사실(事實)이란 사실(史實)이 아닌가? 역사는 승자의 기록이다. 아니, 정확히 말하면 자신을 과거의 승자와 동일시하는 대중의 인식이다, 진실을 유무와 시비, 진위를 중심으로 논할 때, 결국 하나의 진실만이 존재하게 된다. 그래서 진실을 따지게 되면, 피와 폭력이 동반된다.

진실(객관성)이 없다는 뜻이 아니라 시공간의 횡단을 통해 구성된다는 의미다. 진실도 위대한 사상도 어디에서나 통하는 것은 아니다. 현장의 역사적 맥락이 언어의 의미를 정한다. 이론 혹은 가정(假定)이었던 프로이트주의가 미국으로 건너가 '의학'이 되었듯이. 유태인 학살로 600만 명이 사망했지만, 마르크스주의로 '인해' 소련의 사회주의 혁명 과정과 중국의 문화혁명 두 사건에서 최소 4,000만 명이 사망했다고 해서, 마르크스주의가 학살의 사상이라고 말할 수는 없다.

페미니즘도 페미니스트도 예외는 아니다. 한국사회에서 전 세계 최초로 난민 반대 페미니스트가 등장했고, 그들을 지지하는 여성들이 있다. 지금 한국사회에서 페미니스트는 과정적 주체가 아니라 선언적 주체가 되었다. 특히, 페미니즘, 마르크스주의, 유교처럼 현실 권력과 관련이 큰 사유들, 연구자가 적은 분야, 새롭게 등장한 분야(young sciences)에서 가짜 뉴스는 이루 말할 수 없다. 그렇다고 "내 생각이 진짜"라고 말할 수 없다. 언어의 의미는 진위가 아니라 경합의 과정에서 생성되기 때문이다. 그러나 사회적 약자는 이 경합에서 이길 확률이 적을 뿐 아니라 오히려 권력자와 동일시, 그들의 입장을 실어 나른다.

그런 측면에서 이 책은 대단히 중요하다. 그러나 가짜 뉴스의 대안이 진실의 죽음을 애도하는 것은 아닐 것이다. 우리의 과제는 트럼프가 거짓말쟁이라는 사실을 폭로하는 것보다 그의 목소리를 상대화하는 방향으로 논쟁을 시작하는 것이다. 이제까지 약자의 논리는 주관적이고 편협하고 자의적이고, 강자의 논리는 객관적이고 이성적이라고 간주되어온 사회를 비판하고, 트럼프 시대를 살아내야 한다. 과학기술이 초래한 트럼프 같은 인격(personhood)의 등장을 다양한 기층민(subaltern)의 다른 목소리들로 어떻게 연대할 것인가를 고민하자. 하기야 만인에 대한 만인의 투쟁에서 이제는 적이 누구인지 모르는 세상이 되었으니, 그 역시 쉽지 않을 것이다.

　신자유주의는 인류 역사상 구조의 힘이 가장 막강한 시대이다. 구조는 고착되어 새로운 세습 신분 사회가 되었다. 구조를 변화시킬 수 없는 개인들은 개인의 힘으로 살아남고자 자신의 모든 역량을 동원한다. 그 역량에는 '노오력'과 같은 자기계발도 있었지만, 이제 사람들은 그조차 불가능한 자아실현이라는 것을 안다. 대신, 타인을 밀치고 혐오하고 '관종'이 됨으로써 자신을 실현하려고 한다. 트럼프의 의미는 이런 시대의 모델이라는 데 있다. 우리가 할 수 있는 실천은 내 주변의 '트럼프들'과 싸우는 것이다. '우리 안의 파시즘'처럼 '내 안의 트럼프'도 극복해야겠지만, 아직은 트럼프들보다 트럼프들을 피해 다니는 이들이 많은 것 같다. 나는 이러한 상황이 희망적이라고 본다. 나를 포함해 우울증, 도시 탈출, "눈을 감고 살자"는 다짐, '욜로족'이 등장하고 있는, 이 시기를 놓쳐서는 안 된다. 모두가 트럼프가 되기 전에 말이다. 이 책이 필독서인 이유다.

독설 서평가의 본격 문화·정치비평

미국의 지식 공유 사이트 쿼라(Quora)에는 미치코 가쿠타니가 혹평한 작가와 책에 대해 묻는 질문이 올라와 있다. 비평이 설 자리를 점차 잃고 있는 작금에, 이런 질문이 대중 사이트에 올라올 비평가가 몇이나 될까.

가쿠타니는 그의 이름이 동사화된 미국 유일, 아니 세계 유일의 비평가이기도 하다. 'getting Kakutanied'는 한 번 칭찬하는 비평을 받은 다음에 이후의 작품이, 때로는 잇달아 여러 작품이 특히 가차 없는 비평을 받는 걸 의미한다. 디스토피아를 그린 마거릿 애트우드의 소설 『인칸 종말 리포트』를 두고, 가쿠타니는 "문체가 고르지 못하고 뒤죽박죽인 책"이라며 "가르치려 들고 전혀 설득력이 없다"고 신랄하게 평가했다. 애트우드는 이 비판을 (아마도) 대수롭지 않게 여기려 애쓰며 이렇게 말했다. "내가 할 수 있는 말은 평론가는 평론가라는 겁니다. 문학계에서는 가쿠타니가 한 번 칭찬을 하더라도 다음에 작품이 아니다 싶으면 언제든 핵 공격을 가할 수 있기 때문에 방심할 수 없다는 평이 있죠." 가쿠타니가 『타인의 고통』을 "빤한 것에 대한 뒤늦은 상식적 진술"이라고 비판했을 때, 수전 손택은 애트우드와 달리 그냥 넘어가지 않았다. 발끈해서는 마찬가지로 독설로 맞받아쳤다. "내 책에 대한 가쿠타니의 비평은 시시하고 얄팍한 데다 적절치가 않아요. 명석한 악평과는 대조되는 멍청한 악평이죠. 난 가쿠타니가 더 나은 줄 알았어요." 2017년 영국 일간지 《가디언》 인터넷판 북섹션은 《뉴욕타임스》 수석 도서 평론가 미치코 가쿠타니의 퇴직을 기념해 그의 문학적 삶을 소개했는데, 주된 내용은 물론 그와 그의 혹평을 받은 작가들 사이에 오간 날선 공방이었다.

그렇기에 가쿠타니에게서는 흔한 주례사 비평을 찾아볼 수 없다. 비평 본연의 한 가지 임무라 할 판단을 중지한(이런 판단 중지가 비평의 위기를 불러온 건 아닐까) 덕담과는 구별된다. 그의 폭격과도 같은 비판은 작가들과 독자들에게 두려움과 매혹을 불러일으켰다. 1998년 가쿠타니가 퓰리처상을 받았을 때 심사위원 중 한 사람이었던 마이클 제인웨이는 이렇게 말했다. "필자 이름을 보지 않고도 가쿠타니의 글이란걸 알 수 있어요. 책에 대한 가쿠타니의 판단은 아주 분명합니다. 그의 논평은 다른 서평가들과는 확연히 구별되지요." HBO 방송의 드라마 〈섹스 앤 더 시티〉에 칼럼니스트인 주인공이 자신의 책에 대해 가쿠타니가 쓴 서평이 실린 신문을 떨면서 사오는 장면이 등장할 만큼 신랄한 가쿠타니는 하나의 문화 아이콘이 되었으나, 그의 논평은 여전히 제대로 된 분석과 상상력을 보여주어 많은 문학가들이 놓치지 않고 읽어야 할 것으로 여겨진다고 한다.

이런 냉정한 평가를 하기 위해서일까? 가쿠타니는 은둔 생활을 하는 것으로 유명했다. 작가들과 어울리지도 않고 문학판에 얼굴을 디밀지도 않으며 인터뷰도 하지 않는다. 출판계의 베테랑조차 가쿠타니를 만나본 적이 거의 없다고 한다. "우린 (가쿠타니보다) 샐린저에 대해 더 많은 걸 알고 있다니까요." 한 관록 있는 책 홍보 담당자는 이렇게 농담을 했다. "미국 문학에는 신비에 싸여 있으면서 큰 영향력을 발휘하는 다크레이디(dark lady)라는 재미있는 전통이 있어요. 메리 매카시가 제일 먼저고, 그다음은 수전 손택이에요. 하지만 두 사람은 모두 대중에게 널리 알려진 인물들이죠." 마이클 제인웨이의 말이다. 그래서 가쿠타니가 어떤 사람인지에 대한 소문이 항상 그를 따라다녔다. 실제로 드높은 명성에 비해, 예일대 영문과를 졸업했고 미국으로 이민 온 저명한 예일대 수학교수의 외동딸이며 뉴욕 양키스팀의 팬이라는 사실 말고는 가쿠타니에 대해 딱히 알려진 게 없다. 가쿠타니의 비평 외에 우리가 그에 대해 더 알아야 할 게 있는지는 모르겠지만 말이다.

가쿠타니는 40년이 넘도록 수많은 인터뷰와 논평 기사를 썼다. 한데도 1979년부터 1987년까지 작가, 영화감독 등 다양한 예술가들과 인터뷰한 기사를 모은 『피아노 앞 시인』(The Poet at the Piano) 외에 다른 책을 출간하지 않았다는 사실은 의외다. 본인이 무자비하게 비판한 작가들에게만큼이나 자신에게도 엄격한 까닭일까. 그뿐만 아니라 《뉴욕타임스》 퇴직 후 출간한 첫 책이 문학비평이 아니라 문화·정치비평이라는 점도 의외이긴 마찬가지다. 가쿠타니는 최근 한 글에서 일본의 진주만 공습 당시 자기 가족이 일본계 미국인들을 감금하는 캘리포니아 억류자 수용소로 보내졌었다고 회상하며 트럼프 집행부가 텍사스와 애리조나의 불법이민자 아이들을 가둔 우리의 원형이 이 억류자 수용소라 할 만하다고 했다. 어쩌면 이런 가족의 경험(가쿠타니가 아직 태어나기 전의 일이기는 하다)이 가쿠타니로 하여금 이 책을 쓰는 일이 다른 무엇보다 긴급하다고 생각하게 만든 것일까.

한나 아렌트는 "전체주의 지배의 이상적인 대상은 확신에 찬 나치당원이나 공산주의자가 아니라 사실과 허구의 차이, 진짜와 가짜의 차이가 더 이상 존재하지 않는 사람들"이라고 했다. 트럼프를 비롯한 극우주의자들은 사실과 허구의 차이, 진짜와 가짜의 차이를 지워 대중의 분노와 공포심에 불을 지른다. 그래서 대중에게 문제의 해결책보다는 희생양을 제공한다. 영국의 영화감독 애덤 커티스는 〈과잉정상화〉라는 다큐멘터리를 만들었다. 영화의 제목은 인류학자 알렉세이 유르차크가 소비에트연합 말기 사람들의 삶을 묘사하기 위해 만든 용어다. 당시 사람들은 소련 정부가 수십 년 동

안 선전하던 프로파간다의 모순을 알았지만 다른 어떤 대안
을 떠올리기가 어려워 체념하고서 사회가 제대로 작동하는
체 허울을 유지하고 있었다는 것이다.

　가쿠타니는 탈진실의 '과잉정상화'를 날렵하게 요약하
고 비판한다. 그는 미국 건국자들에게서, 그리고 통찰력 있
는 여러 저자들에게서 진실의 중요성에 대해, 진실의 가치가
저하될 때 어떤 일이 벌어지는지에 대해 읽어왔다. 그렇다면
이 책은 예민하고 창의적인 서평가가 평생 자신이 읽어온 책
들에 의지해(서평가에게 의지할 것이 책 말고 달리 무엇이 있
을까) 탈진실 시대의 프로파간다를 폭파하고 대안을 떠올리
려는 고심의 결과물이 아닐까.